에듀윌과 함께 시작하면, 당신도 합격할 수 있습니다!

식품을 전공하고
실전에도 경력을 쌓고 싶은 대학생

취미로 시작해
요리로 미래를 꿈꾸는 직장인

은퇴 후 제2의 인생을 위해
모두 잠든 시간에 책을 펴는 미래의 사장님

누구나 합격할 수 있습니다.
시작하겠다는 '다짐' 하나면 충분합니다.

마지막 페이지를 덮으면

**에듀윌과 함께
합격의 길이 시작됩니다.**

에듀윌로 합격한
찐! 합격스토리

이○나 합격생

에듀윌 덕분에, 조리기능사 필기가 쉬워졌어요!

저는 실기는 자신 있었는데, 필기가 너무 힘들었어요. 공부할 시간까지 없어서 더 막막했는데 1주끝장(초단기끝장)으로 4일 만에 합격했어요! 우선 이 책은 나오는 부분만, 표 위주로 구성되어 있고 테마가 끝난 후에는 바로 문제가 나와서 공부하기 편했어요. 어려운 테마에는 QR 코드를 찍으면 나오는 짧은 토막강의가 있는데, 저에게는 이 강의가 정말 도움이 많이 되었어요. 쉽게 외울 수 있는 방법도 알려주시고, 이해가 안 되는 부분은 원리를 잘 설명해 주셔서 토막강의가 있는 테마는 책으로 따로 공부하지 않고 이동하면서 강의만 반복적으로 들었어요. 시험 당일에는 휴대폰으로 모의고사 3회만 계속 보았는데 여기에서 비슷한 문제가 많이 나왔어요! 덕분에 생각지도 못한 고득점으로 합격했네요! 에듀윌에 정말 감사드려요~

이○민 합격생

제과·제빵기능사 합격의 지름길, 에듀윌

한 번에, 일주일이라는 단기간에 합격했어요. 시간 여유가 없는 직장인에게는 단기간 합격이 제일 중요하죠! 생소한 단어들도 많고, 양도 많아서 막막했지만 단원마다 정리되어 있는 '핵심 키워드'와 '합격팁'으로 집중적으로 공부할 수 있었습니다. 이해하기 어려운 부분은 에듀윌에서 무료로 제공해 주는 동영상 강의로 해결했어요. 개념 정리뿐만 아니라 기출문제를 통한 복습, 무료특강 그리고 '핵심집중노트'까지, 그 중에 '핵심집중노트'는 시험 보기 전에 꼭 보세요! 핵심집중노트 딱 3번만 정독하시면 무조건 합격이에요. 여러분도 합격의 지름길, 에듀윌로 시작하세요.

김○정 합격생

에듀윌 필기끝장 한 권으로 단기 합격!

조리학과 전공이 아니라서 관련된 지식이 아예 없는 상태였습니다. 제과·제빵 학원을 다니면서도 이론이 어렵고 막막했는데, 에듀윌 강의를 보면서 개념을 정리하고 기출문제를 풀면서 틀린 문제는 오답정리하면서 이해할 수 있었습니다. 책 안에 중간 중간에 있는 인생명언으로 긍정적인 에너지를 얻어 공부에 더 집중할 수 있었습니다. 간편하게 들고 다니기 편한 핵심집중노트로 시험보기 직전에 머릿속 내용들을 정리할 수 있어서 좋은 결과로 합격을 했던 것 같습니다. 일을 다니면서 공부 시간이 많이 부족하고 짧았지만 에듀윌 책은 초보 입문자들도 쉽게 이해하기 편하게 정리가 잘되어 있어서 제과·제빵기능사 필기를 빠르게 합격할 수 있었습니다. 감사합니다! 제과·제빵을 처음 공부하시는 분들께 에듀윌 문제집 강력 추천입니다.^^

다음 합격의 주인공은 당신입니다!

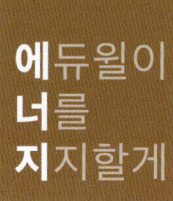

세상을 움직이려면
먼저 나 자신을 움직여야 한다.

– 소크라테스(Socrates)

실제 시험에 출제된, 출제될 조합!

무료특강

01강
깐풍기, 고추잡채

02강
유니짜장면, 부추잡채

03강
새우볶음밥, 빠스옥수수

04강
물만두, 달걀탕

05강
새우케첩볶음, 홍쇼두부

06강
난자완스, 울면

07강
빠스고구마, 증교자

08강
라조기, 마파두부

09강
경장육사, 새우완자탕

10강
탕수육, 채소볶음

11강
양장피잡채, 해파리냉채

12강
짜춘권, 오징어냉채

13강
탕수생선살

* 에듀윌 도서몰(book.eduwill.net) > 동영상 강의실에서도 수강 가능합니다.
* 폐지된 과제 일부가 포함되어 있습니다.

에듀윌
중식조리기능사

실기

머리말
예비 조리기능사들을 위한 저자의 메시지

> **" 실전에 딱 맞춘, 합격을 위한 구성! "**

조리기능사 실기시험은 제한된 시간 내에 제시된 과제를 요리해 내는 시험입니다. 직접 조리를 하는 시험이기 때문에 단순 암기가 아닌 연습을 통한 습득이 함께 되어야 합니다.

수년간 중식 실기시험 검토 및 출제위원, 실기시험 감독위원과 교육현장에서의 경험을 바탕으로 수험생들이 궁금해 하는 부분, 난이도 높은 부분 등을 시험 출제기준과 채점기준에 맞추어 쉽게 풀고자 노력하였습니다. 또한 본서를 통해 재료손질부터 합격을 위한 기술까지 익힐 수 있도록 구성하였습니다. 특히 저자의 노하우를 녹여낸 '주의'를 완벽하게 습득한다면 시험에서 자신감을 가지고 만족스러운 결과를 얻을 수 있을 것입니다. 마지막으로 실제 시험처럼 2가지 과제를 수행하는 형태의 무료 동영상강의를 통해 실전 감각을 길러 조리기능사 시험을 처음 준비하는 수험생분들도 한 번에 합격의 기쁨을 느낄 수 있을 것이라 생각됩니다.

모든 면에서 세심하고 아낌없는 관심과 도움을 주신 최미숙 선생님, 진행을 도와주신 박미현 선생님, 조미경 선생님께 깊은 감사를 전하며, 본서를 접하시는 모든 분들의 합격을 진심으로 기원합니다.

문혜자

- 중식, 한식조리산업기사, 한식조리기능장 실기 출제 및 검토위원
- 중식, 한식, 양식, 일식, 복어 조리기능사 실기 감독위원
- 중식, 한식, 양식, 일식 조리산업기사 실기 감독위원
- 중식, 한식, 복어 조리기능장 실기 감독위원
- 과정형평가 개발, 평가위원 및 실기 감독위원
- 한국관광대학교 호텔조리과 겸임교수
- NCS(국가직무능력표준) 개발, 심의, 자문위원
- 떡제조기능사 실기 출제 및 감독위원

교재활용 TIP

1. 시험시간에 따른 구분

출제되는 두 과제는 시험시간에 따라 달라진다. 두 과제의 시험시간 합이 60분 정도 되도록 조합하여 연습하자!

2. 주의

정확한 실습을 위해 주의할 점을 제시하였다. 해당 조리과정에서 기억해야 할 주의사항을 기억하자!

3. 스탠드형 핵심요약집

실습하면서 무거운 책을 찾지 않아도 된다. 핵심요약집을 조리대에 세워놓고 연습하자!

4. 저자직강 무료동영상

온라인(에듀윌 도서몰과 QR코드)에서 제공되는 실제 시험과 동일한 구성의 무료동영상을 보고 실전 감각을 익히자!

시험 안내

🔔 응시료
- 필기: 14,500원
- 실기: 28,500원

🔔 출제기준

직무 분야	음식 서비스
중직무 분야	조리
자격종목	중식조리기능사

- **직무내용**
  중식 메뉴 계획에 따라 식재료를 선정, 구매, 검수, 보관 및 저장하며 맛과 영양을 고려하여 안전하고 위생적으로 음식을 조리하고 조리기구와 시설관리를 수행하는 직무이다.

- **수행준거**
  1. 중식조리작업 수행에 필요한 위생 관련 지식을 이해하고 주방의 청결상태와 개인위생·식품위생을 관리하며 전반적인 조리작업을 위생적으로 수행할 수 있다.
  2. 중식 기초조리작업 수행에 필요한 조리 기능 익히기를 활용할 수 있다.
  3. 적합한 식재료를 절이거나 무쳐서 요리에 곁들이는 음식을 조리할 수 있다.
  4. 육류나 가금류·채소류를 이용하여 끓이거나 양념류와 향신료를 배합하여 조리할 수 있다.
  5. 육류·갑각류·어패류·채소류·두부류 재료 특성을 이해하고 손질하여 기름에 튀겨 조리할 수 있다.
  6. 육류·생선류·채소류·두부에 각종 양념과 소스를 이용하여 조림을 할 수 있다.
  7. 쌀로 지은 밥을 이용하여 각종 밥 요리를 할 수 있다.
  8. 밀가루의 특성을 이해하고 반죽하여 면을 뽑아 각종 면 요리를 할 수 있다.

실기검정방법	작업형
시험시간	60분 정도

🔔 출제경향
- 요구작업: 지급된 재료를 갖고 요구하는 작품을 시험시간 내에 1인분을 만들어 내는 작업
- 주요 평가내용: 위생상태(개인 및 조리과정), 조리의 기술(기구취급, 동작, 순서, 재료 다듬기 방법), 작품의 평가, 정리정돈 및 청소

🍽 시험장 준비물

재료명	규격	단위	수량	재료명	규격	단위	수량
가위	조리용	EA	1	숟가락	스테인레스제	EA	1
계량스푼	사이즈별	SET	1	앞치마	백색(남, 녀 공용)	EA	1
계량컵	200ml	EA	1	위생모 또는 머리수건	백색	EA	1
공기	소	EA	1	위생복	상의 – 백색, 하의 – 긴바지(색상무관)	벌	1
국대접	소	EA	1	위생타올	면	매	1
냄비	조리용	EA	1	젓가락	나무젓가락 또는 쇠젓가락	EA	1
랩, 호일	조리용	EA	1	종이컵	–	EA	1
소창 또는 면포	30×30cm 정도	장	1	칼	조리용칼, 칼집 포함	EA	1
쇠조리(혹은 체)	조리용	EA	1	프라이팬	소형	EA	1

※ 위생 복장(위생복, 위생모, 앞치마, 마스크)을 착용하지 않을 경우 실격, 세부기준(흰색, 긴소매, 긴바지 등)을 준수하지 않을 경우 감점 처리됨

🍽 자격증 교부

- 수첩 형태의 자격증 발급
- 신청절차: http://q-net.or.kr에서 발급을 신청한 후, 자격증 수령방법 선택(방문수령/우체국 배송)
- 접수기간: 합격자 발표 후 60일 이내로 권고
- 자격증 발급 수수료: 3,100원
- 문의전화: 1644-8000(월~금, 09:00~18:00)

🍲 수험자 공통 유의 사항

1. 만드는 순서에 유의하며, 위생과 숙련된 기능평가를 위하여 조리작업 시 맛을 보지 않는다.
2. 지정된 수험자지참준비물 이외의 조리기구나 재료를 시험장 내에 지참할 수 없다.
3. 지급재료는 시험 전 확인하여 이상이 있을 경우 시험위원으로부터 조치를 받고 시험 중에는 재료의 교환 및 추가 지급은 하지 않는다.
4. 요구사항의 규격은 "정도"의 의미를 포함하며, 지급된 재료의 크기에 따라 가감하여 채점한다.
5. 위생복, 위생모, 앞치마, 마스크를 착용하여야 하며, 시험장비·조리도구 취급 등 안전에 유의한다.
6. 다음 사항은 실격에 해당하여 채점대상에서 제외한다.
    - 수험자 본인이 시험 도중 시험에 대한 포기 의사를 표현하는 경우
    - 위생복, 위생모, 앞치마, 마스크를 착용하지 않은 경우
    - 시험시간 내에 과제 두 가지를 제출하지 못한 경우
    - 문제의 요구사항대로 과제의 수량이 만들어지지 않은 경우
    - 완성품을 요구사항의 과제(요리)가 아닌 다른 요리(예 달걀말이→달걀찜)로 만든 경우
    - 불을 사용하여 만든 조리작품이 작품특성에 벗어나는 정도로 타거나 익지 않은 경우
    - 해당 과제의 지급재료 이외의 재료를 사용하거나 요구사항의 조리도구(석쇠 등)로 완성품을 조리하지 않은 경우
    - 지정된 준비물 이외의 조리기술에 영향을 줄 수 있는 기구를 사용한 경우
    - 가스레인지 화구를 2개 이상(2개 포함) 사용한 경우
    - 시험 중 시설·장비(칼, 가스레인지 등) 사용 시 시험위원 및 타수험자의 시험 진행에 위해를 일으킬 것으로 시험위원 전원이 합의하여 판단한 경우
    - 요구사항에 표시된 실격 및 부정행위에 해당하는 경우
7. 항목별 배점은 위생상태 및 안전관리 5점, 조리기술 30점, 작품의 평가 15점이다.
8. 시험시간 전 가벼운 몸 풀기(스트레칭) 동작으로 긴장을 풀고 시험을 시작한다.

차례

실기는 시험시간에 따라 출제되는 과제가 달라진다

- 머리말 4
- 시험안내 5

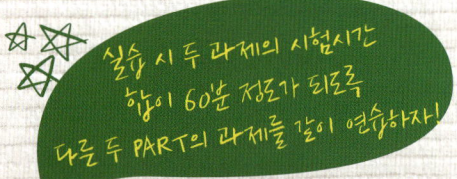
실습 시 두 과제의 시험시간 합이 60분 정도가 되도록 다른 두 PART의 과제를 같이 연습하자!

PART 01 (시험시간 20분)

오징어냉채	12
해파리냉채	15
부추잡채	18

PART 02 (시험시간 25분)

빠스옥수수	24
빠스고구마	27
고추잡채	30
새우케첩볶음	34
채소볶음	38
난자완스	42
마파두부	46

PART 03 시험시간 30분 이상

새우볶음밥	54
탕수육	57
탕수생선살	61
홍쇼두부	65
깐풍기	69
라조기	73
경장육사	77
유니짜장면	81
울면	85
양장피잡채	89

[특별제공] 과년도 폐지 과제

증교자	96
물만두	99
짜춘권	102
달걀탕	106
새우완자탕	109

강의 목차

01강. 깐풍기, 고추잡채
02강. 유니짜장면, 부추잡채
03강. 새우볶음밥, 빠스옥수수
04강. 물만두, 달걀탕
05강. 새우케첩볶음, 홍쇼두부
06강. 난자완스, 울면
07강. 빠스고구마, 증교자

08강. 라조기, 마파두부
09강. 경장육사, 새우완자탕
10강. 탕수육, 채소볶음
11강. 양장피잡채, 해파리냉채
12강. 짜춘권, 오징어냉채
13강. 탕수생선살

PART 01

시험시간 20분

- 오징어냉채 ········ 12
- 해파리냉채 ········ 15
- 부추잡채 ········ 18

오징어냉채

(凉拌魷魚 | 서늘할 량 뒤섞을 반 오징어 우 물고기 어)

합격 Point

★ 오징어는 안쪽에 칼집을 넣어 데쳐 놓고 식힌 후 오이와 섞는다.
★ 겨자소스는 제출 직전에 끼얹어야 물이 생기는 것을 방지할 수 있다.

요구사항

주어진 재료를 사용하여 다음과 같이 오징어냉채를 만드시오.

❶ 오징어 몸살은 종횡으로 칼집을 내어 3~4cm로 썰어 데쳐서 사용하시오.

❷ 오이는 얇게 3cm 편으로 썰어 사용하시오.

❸ 겨자를 숙성시킨 후 소스를 만드시오.

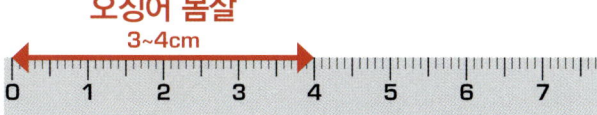
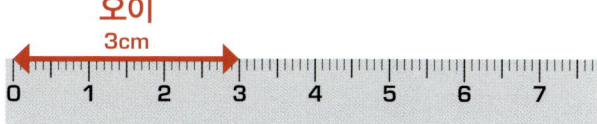

재료

- 갑오징어살(오징어 대체 가능) 100g
- 오이(가늘고 곧은 것, 길이 20cm) 1/3개
- 겨자 20g
- 흰설탕 15g
- 소금(정제염) 2g
- 식초 30ml
- 참기름 5ml

소스

- **겨자소스**
  발효 겨자 1/2큰술, 물 1/2큰술, 설탕 1큰술, 식초 1큰술, 소금 1/3작은술, 참기름

빈출 조합

- 깐풍기 P.69
- 라조기 P.73
- 경장육사 P.77
- 양장피잡채 P.89

조리과정

1. 냄비에 물을 올리고, 겨자가루 1큰술에 미지근한 물 1큰술을 넣고 갠다.

> **주의** 겨자의 쓴맛이 나지 않도록 40℃ 정도의 미지근한 물에 재빨리 개어 발효시킨다.

2. 갠 겨자를 냄비 뚜껑에 엎거나 따뜻한 곳에 놓고 발효시킨다.

3. 오징어(갑오징어)는 껍질을 벗겨 안쪽에 가로, 세로 0.3cm 간격으로 칼집을 내고, 길이 3~4cm 정도로 썬다(갑오징어는 살이 두꺼우므로 이단썰기를 해도 된다). 끓는 물에 소금을 넣고 손질한 오징어를 데친 후 찬물에 헹궈 체에 밭친다.

4. 오이는 길이로 반을 자른 후 얇게 3cm 정도 편으로 썬다.

5. 발효 겨자 1/2큰술, 물 1/2큰술을 넣어 풀어주고 설탕 1큰술, 식초 1큰술, 소금 1/3작은술을 넣어 잘 섞은 후 참기름을 넣어 겨자소스를 만든다.

6. 오징어와 오이를 고루 섞어 완성 접시에 담고 겨자소스를 끼얹는다.

해파리냉채

(凉拌海蜇皮 | 서늘할량 뒤섞을반 바다해 해파리철 껍질피)

합격 Point

★ 데친 해파리를 헹군 후 설탕, 식초에 버무려 투명하고 윤기나게 한다.
★ 제출 직전에 마늘소스에 버무려야 물이 생기는 것을 방지할 수 있다.

요구사항

주어진 재료를 사용하여 다음과 같이 해파리냉채를 만드시오.

❶ 해파리의 염분을 제거하고 살짝 데쳐서 사용하시오.
❷ 오이는 0.2cm × 6cm 크기로 어슷하게 채를 써시오.
❸ 해파리와 오이를 섞어 마늘소스를 끼얹어 내시오.

재료

- 해파리 150g
- 오이(가늘고 곧은 것, 20cm) 1/2개
- 마늘(중, 깐 것) 3쪽
- 흰설탕 15g
- 소금(정제염) 7g
- 식초 45ml
- 참기름 5ml

소스

- **마늘소스**
  다진 마늘 1큰술, 설탕 1큰술, 식초 1큰술, 소금 1/3작은술, 참기름

빈출 조합

- 고추잡채 P.30
- 탕수육 P.57
- 홍쇼두부 P.65
- 깐풍기 P.69
- 경장육사 P.77
- 양장피잡채 P.89

조리과정

1 냄비에 물을 올리고, 해파리를 물에 여러 번 씻어 염분을 뺀다.

2 염분을 뺀 해파리를 젓가락으로 저어가며, 80~90℃의 뜨거운 물에 데친다.

> **주의** 해파리를 너무 높은 온도의 물로 데치면 심하게 오그라들어 질겨진다.

3 데친 해파리는 찬물에 2~3번 정도 헹궈 설탕 1/2큰술, 식초 1/2큰술에 버무려두었다가 체에 밭쳐둔다.

4 오이는 소금으로 비벼서 씻은 후 0.2cm × 6cm 정도 크기로 어슷하게 채 썬다.

5 마늘을 곱게 다져 설탕 1큰술, 식초 1큰술, 소금 1/3작은술, 참기름 약간을 섞어 마늘소스를 만든다.

6 해파리와 오이에 마늘소스 절반 정도를 먼저 버무려 완성 접시에 담고, 남은 소스를 위에 끼얹는다.

부추잡채

(炒韭菜 | 볶을초 부추구 나물채)

합격 Point

★ 부추의 흰 줄기와 푸른 잎을 구분하여 썰어둔다.
★ 부추의 푸른 잎은 숨이 죽지 않고 색깔이 선명해야 한다.

요구사항

주어진 재료를 사용하여 다음과 같이 부추잡채를 만드시오.

❶ 부추는 6cm 길이로 써시오.

❷ 고기는 0.3cm × 6cm 길이로 써시오.

❸ 고기는 간을 하여 기름에 익혀 사용하시오.

재료

- 부추(중국부추 - 호부추) 120g
- 돼지 등심(살코기) 50g
- 달걀 1개
- 녹말가루(감자 전분) 30g
- 소금(정제염) 5g
- 청주 15ml
- 참기름 5ml
- 식용유 100ml

빈출 조합

- 채소볶음 P.38
- 난자완스 P.42
- 탕수육 P.57
- 탕수생선살 P.61
- 홍쇼두부 P.65
- 깐풍기 P.69
- 라조기 P.73
- 울면 P.85

조리과정

1 부추를 다듬어 씻은 후, 흰 줄기와 푸른 잎을 6cm로 썰어 접시에 구분하여 담아둔다.

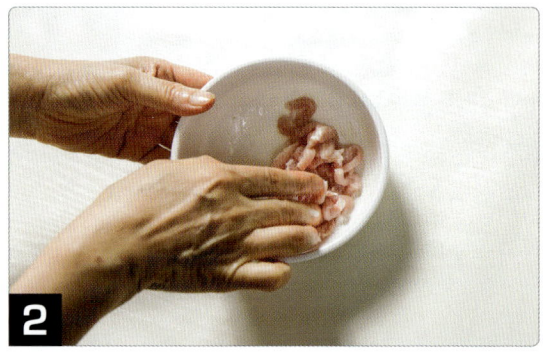

2 돼지고기는 핏물을 제거하고 0.3cm × 6cm로 채 썰어 소금, 청주, 달걀 흰자 1/2큰술, 녹말가루 2/3작은술을 넣어 버무린다.

3 돼지고기를 젓가락으로 저어가며 100~120℃ 기름에 부드럽게 익힌 후 체에 밭쳐둔다.

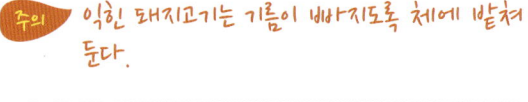
주의 익힌 돼지고기는 기름이 빠지도록 체에 밭쳐 둔다.

4 달군 팬에 기름을 두르고 부추의 흰 줄기 부분을 먼저 볶다가 소금, 청주를 넣는다.

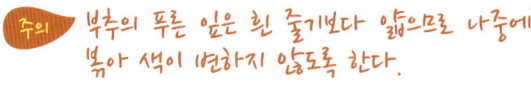
주의 부추의 푸른 잎은 흰 줄기보다 얇으므로 나중에 볶아 색이 변하지 않도록 한다.

5 부추의 푸른 잎과 데친 돼지고기를 넣고 재빨리 볶아 불을 끄고 참기름을 넣어 버무린다.

6 완성 접시에 소복이 담아낸다.

에듀윌이
너를
지지할게
ENERGY

목표가 있는 사람은 성공한다.
어디로 가고 있는지 알기 때문이다.

– 얼 나이팅게일(Earl Nightingale)

PART 02

시험시간 25분

- 빠스옥수수 ……… 24
- 빠스고구마 ……… 27
- 고추잡채 ……… 30
- 새우케첩볶음 ……… 34
- 채소볶음 ……… 38
- 난자완스 ……… 42
- 마파두부 ……… 46

빠스옥수수

(拔絲玉米 | 뺄발 실사 구슬옥 쌀미)

콕! 합격 Point

★ 옥수수에 수분이 많을 때는 가볍게 짜준다.
★ 완자에 시럽이 고루 묻고 황금색이 나야 한다.

요구사항

주어진 재료를 사용하여 다음과 같이 빠스옥수수를 만드시오.

❶ 완자의 크기를 지름 3cm 공 모양으로 하시오.
❷ 땅콩은 다져 옥수수와 함께 버무려 사용하시오.
❸ 설탕 시럽은 타지 않게 만드시오.
❹ 빠스옥수수는 6개 만드시오.

재료

- 옥수수(통조림, 고형분) 120g
- 땅콩 7알
- 밀가루(중력분) 80g
- 달걀 1개
- 흰설탕 50g
- 식용유 500ml

빈출 조합

- 새우케첩볶음 P.34
- 난자완스 P.42
- 깐풍기 P.69
- 유니짜장면 P.81
- 울면 P.85

조리과정

1 옥수수는 체에 밭쳐 물기를 뺀다.

2 땅콩은 껍질을 벗기고, 칼등으로 눌러 곱게 다진다.

3 옥수수를 다진 후 다진 땅콩, 밀가루 2~3큰술 정도, 노른자 1/2큰술을 섞어 되직하게 반죽한다.

 옥수수를 너무 덜 다지면 튀길 때 완자가 풀어진다.

4 **3**의 반죽을 한 손으로 쥐고 직경 3cm 정도의 공 모양 완자 6개를 숟가락으로 떼어 150℃ 정도 기름에 노릇하게 튀긴다.

5 달군 팬에 기름 1/2큰술, 설탕 3큰술을 넣어 연한 갈색의 시럽이 만들어지면 튀긴 완자를 넣고 버무리면서 찬물 1작은술을 끼얹어 시럽이 옥수수에 잘 묻게 만든 후 기름을 바른 접시에 펼쳐 식힌다.

 설탕이 덜 녹았을 때 저으면 시럽이 혼탁해지므로 설탕이 완전히 녹았을 때 저어준다.

6 완성 접시에 식힌 완자를 달라붙지 않게 담아낸다.

빠스고구마

(拔絲地瓜 | 뺄발 실사 땅지 오이과)

합격 Point

★ 썬 고구마를 바로 튀기지 않을 때는 갈변현상이 나타날 수 있으므로 찬물에 담가 놓는다.
★ 고루 황금색이 나도록 바삭하게 튀긴다.
★ 접시에 기름을 발라두어야 시럽을 묻힌 고구마를 뗄 때 부서지지 않는다.

요구사항

주어진 재료를 사용하여 다음과 같이 빠스고구마를 만드시오.

❶ 고구마는 껍질을 벗기고 먼저 길게 4등분을 내고, 다시 4cm 길이의 다각형으로 돌려썰기 하시오.

❷ 튀김이 바삭하게 되도록 하시오.

재료

- 고구마(300g) 1개
- 흰설탕 100g
- 식용유 1,000ml

빈출 조합

- 고추잡채 P.30
- 새우케첩볶음 P.34
- 채소볶음 P.38
- 난자완스 P.42
- 탕수육 P.57
- 깐풍기 P.69
- 양장피잡채 P.89

중식조리기능사 실기

조리과정

1. 튀김 팬에 기름을 올리고, 고구마는 껍질을 벗겨 길게 4등분을 내어 4cm 정도의 길이로 돌려가며 다각형으로 썬다. 찬물에 헹군 뒤 전분기를 제거한다.

2. 1의 고구마를 160℃ 정도 기름에 황금색이 나도록 바삭하게 튀긴다.

> 주의: 물에 담가둔 경우, 물기를 잘 제거한 후 튀긴다.

3. 접시에 기름을 발라두고 찬물 1작은술을 튀김 팬 옆에 준비해둔다.

4. 팬에 기름 1큰술을 둘러 코팅한 후 설탕 4큰술을 넣고 녹이면서 살살 저어 연갈색이 나게 한다.

> 주의: 설탕을 녹인 후 저어야 시럽이 혼탁해지지 않는다.

5. 4에 튀긴 고구마를 넣어 재빨리 버무리고 찬물 1작은술을 끼얹는다. 시럽이 고구마에 고루 묻고 가는 실이 생기면 기름을 바른 접시에 펼쳐 식힌다.

> 주의: 튀긴 고구마를 시럽에 버무릴 때는 시럽이 탈 수 있으므로 약불에서 재빨리 버무린다.

6. 완성 접시에 붙지 않게 담아낸다.

고추잡채

(靑椒肉絲 | 푸를청 산초나무초 고기육 실사)

 합격 Point

★ 피망을 재빨리 볶아 색은 선명하고, 물이 생기지 않게 한다.

요구사항

주어진 재료를 사용하여 다음과 같이 고추잡채를 만드시오.

❶ 주재료 피망과 고기는 5cm의 채로 써시오.
❷ 고기는 간을 하여 기름에 익혀 사용하시오.

재료

- 돼지 등심(살코기) 100g
- 녹말가루(감자 전분) 15g
- 청피망(중, 75g) 1개
- 죽순(통조림, whole, 고형분) 30g
- 건표고버섯(지름 5cm, 물에 불린 것) 2개
- 양파(중, 150g) 1/2개
- 달걀 1개
- 소금(정제염) 5g
- 참기름 5ml
- 식용유 150ml
- 청주 5ml
- 진간장 15ml

빈출 조합

- 해파리냉채 P.15
- 빠스고구마 P.27
- 홍쇼두부 P.65
- 깐풍기 P.69
- 경장육사 P.77

조리과정

1 냄비에 물을 올려 끓으면 죽순을 데치고, 빗살을 제거한 후 5cm 길이로 채 썬다.

2 피망은 반으로 갈라 씨와 속 부분을 제거한 후 5cm 길이로 채 썰고, 표고버섯, 양파도 채 썬다.

주의 재료의 채는 일정하게 썬다.

3 돼지고기는 핏물을 제거하여 5cm 길이로 채 썰어 간장, 청주로 밑간을 한 후 달걀 흰자, 녹말가루 약간을 넣어 버무린다.

4 팬에 기름을 올려 100~120℃ 정도가 되면 돼지고기를 넣고 저어가며 익힌 후 체에 건져 받쳐둔다.

주의 돼지고기는 저온에서 부드럽게 저어가면서 익힌 후 체에 밭쳐 기름을 빼야 접시에 담았을 때 기름이 흐르지 않는다.

5 달군 팬에 기름을 두르고 양파를 볶아 향을 낸 후 표고버섯, 죽순을 넣고 간장, 청주를 넣어 볶는다.

6 5에 피망을 넣어 볶으면서 소금으로 간을 한다.

주의 재빨리 볶아 피망의 색이 변하지 않고 물이 생기지 않게 한다.

7 익힌 돼지고기를 넣고 살짝 볶아낸다.

8 불을 끄고 참기름을 넣어 버무린 후, 완성 접시에 소복이 담아낸다.

새우케첩볶음
(蕃茄蝦仁 | 우거질번 연줄기가 새우하 어질인)

 합격 Point

★ 채소의 크기를 요구사항에 맞게 하며, 소스 농도가 너무 묽지 않게 한다.

요구사항

주어진 재료를 사용하여 다음과 같이 새우케첩볶음을 만드시오.

❶ 새우 내장을 제거하시오.
❷ 당근과 양파는 1cm 크기의 사각으로 써시오.

재료

- 작은 새우살(내장 있는 것) 200g
- 녹말가루(감자 전분) 100g
- 당근(길이로 썰어서) 30g
- 양파(중, 150g) 1/6개
- 완두콩 10g
- 달걀 1개
- 대파(흰 부분, 6cm) 1토막
- 토마토 케첩 50g
- 생강 5g

- 소금(정제염) 2g
- 흰설탕 10g
- 청주 30ml
- 진간장 15ml
- 식용유 800ml
- 이쑤시개 1개

소스

- **케첩소스**
  물 1/2컵, 토마토 케첩 3큰술, 설탕 1큰술, 물녹말

빈출 조합

- 빠스옥수수 P.24
- 난자완스 P.42
- 마파두부 P.46
- 깐풍기 P.69

조리과정

1. 새우는 등쪽에서 내장을 빼낸 후 소금물에 씻어 물기를 제거하고 청주 1작은술을 넣어 섞어준다.

2. 완두콩은 씻어 데쳐두고 생강은 편 썰기를 한다.

3. 당근, 양파, 대파는 사방 1cm 정도의 사각으로 편 썰기를 한다.

 당근은 1cm x 1cm x 0.2cm 정도로 썬다.

4. 녹말가루 1큰술, 물 2큰술을 섞어 물녹말을 만든다.

5. 새우에 달걀물, 녹말가루(또는 앙금녹말)로 만든 튀김옷을 입혀 두 번 튀긴다. 첫 번째는 140℃, 두 번째는 160~170℃ 기름에서 바삭하게 튀긴다.

 튀김옷을 한두 방울 기름에 뿌려 기름의 온도를 확인한 후 튀기고, 새우가 너무 작으면 2~3개씩 뭉쳐서 튀긴다.

6. 가열된 팬에 기름을 둘러 대파, 생강을 넣어 향을 낸 후 청주, 간장을 넣고 양파, 당근, 완두콩을 넣어 살짝 볶는다.

에 물 1/2컵, 토마토 케첩 3큰술, 설탕 1큰술을 넣고 끓인 후 물녹말로 농도를 맞춘다.

튀긴 새우를 넣고 버무린 후, 완성 접시에 담아낸다.

> 주의 물녹말은 소스가 끓을 때 조금씩 넣으면서 농도를 맞춘다.

채소볶음

(炒蔬菜 | 볶을초 푸성귀소 나물채)

 합격 Point

★ 간장은 소량만 넣고 채소를 재빨리 볶아 색이 선명하게 한다.

요구사항

주어진 재료를 사용하여 다음과 같이 채소볶음을 만드시오.

❶ 모든 채소는 길이 4cm의 편으로 써시오.

❷ 대파, 마늘, 생강을 제외한 모든 채소는 끓는 물에 살짝 데쳐서 사용하시오.

재료

- 청경채 1개
- 건표고버섯(지름 5cm, 물에 불린 것) 2개
- 셀러리 30g
- 청피망(중, 75g) 1/3개
- 당근(길이로 썰어서) 50g
- 양송이(통조림, whole, 큰 것) 2개
- 죽순(통조림, whole, 고형분) 30g
- 대파(흰 부분, 6cm) 1토막
- 마늘(중, 깐 것) 1쪽
- 생강 5g
- 흰후춧가루 2g
- 소금(정제염) 5g
- 진간장 5ml
- 청주 5ml
- 참기름 5ml
- 식용유 45ml
- 녹말가루(감자 전분) 20g

빈출 조합

- 부추잡채 P.18
- 난자완스 P.42
- 탕수육 P.57
- 탕수생선살 P.61

조리과정

1 냄비에 물을 올리고, 표고버섯, 당근, 죽순, 피망을 4cm × 1.5cm 정도의 편으로 일정하게 썬다.

2 양송이는 편으로 썰고, 셀러리는 섬유질을 제거하여 4cm × 1.5cm 정도로 썬다.

3 청경채, 대파도 4cm 길이로 썰고 마늘, 생강은 편으로 썬다.

4 끓는 물에 대파, 마늘, 생강을 제외한 모든 채소를 데친 후 찬물에 헹구어 물기를 살짝 제거한다.

5 녹말가루 1큰술, 물 2큰술을 섞어 물녹말을 만든다.

6 달군 팬에 기름을 두르고 대파, 마늘, 생강을 넣고 볶다가 간장, 청주를 넣어 향을 낸 후 표고버섯, 양송이, 당근, 죽순, 셀러리, 피망, 청경채 순으로 넣고 재빨리 볶는다.

주의 간장은 소량만 넣는다.

❻에 물 1/2컵을 넣고 끓으면 소금, 흰후춧가루로 간을 한 후 물녹말로 농도를 맞춘다.

참기름을 넣고 버무려 완성 접시에 담아낸다.

 물녹말이 뭉치지 않게 2번 정도 나눠 넣는다.

난자완스

(南煎丸子 | 남녘 남 달일 전 알 환 아들 자)

시험시간 25분

콕! 합격 Point

★ 완자는 둥글납작하고 갈색이 나야 한다.
★ 완자소스의 농도가 너무 묽지 않아야 한다.

요구사항

주어진 재료를 사용하여 다음과 같이 난자완스를 만드시오.

❶ 완자는 지름 4cm로 둥글고 납작하게 만드시오.
❷ 완자는 손이나 수저로 하나씩 떼어 팬에서 모양을 만드시오.
❸ 채소 크기는 4cm 크기의 편으로 써시오(단, 대파는 3cm 크기).
❹ 완자는 갈색이 나도록 하시오.

완자, 채소(대파 제외)

대파
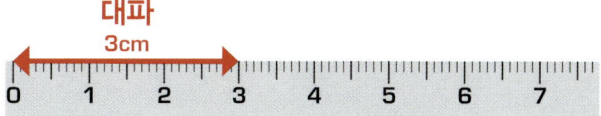

재료

- 돼지 등심(다진 살코기) 200g
- 달걀 1개
- 청경채 1포기
- 죽순(통조림, whole, 고형분) 50g
- 건표고버섯(지름 5cm, 물에 불린 것) 2개
- 녹말가루(감자 전분) 50g
- 마늘(중, 깐 것) 2쪽
- 대파(흰 부분, 6cm) 1토막

- 생강 5g
- 소금(정제염) 3g
- 검은 후춧가루 1g
- 진간장 15ml
- 청주 20ml
- 참기름 5ml
- 식용유 800ml

빈출 조합

- 채소볶음 P.38
- 마파두부 P.46
- 홍쇼두부 P.65
- 유니짜장면 P.81

조리과정

1 마늘은 편으로 썰고 생강은 곱게 다진다. 대파는 반을 갈라 3cm 정도의 편으로 썬다.

2 다진 돼지고기는 핏물을 제거하여 다시 한번 곱게 다져 간장, 청주, 소금, 후춧가루, 참기름으로 밑간한다. 생강즙, 달걀 흰자, 녹말가루를 넣고 젓가락으로 한 방향으로 저으면서 끈기가 생기도록 섞는다.

주의 완자는 반죽이 너무 되직하면 지질 때 갈라진다.

3 표고버섯, 죽순, 청경채는 4cm 정도의 편으로 썰어 끓는 물에 데친다.

4 팬에 기름을 두르고 한 손에 고기 반죽을 쥐어 위로 올려 짜가면서 숟가락이나 손으로 떼어 3cm 크기로 동그랗게 모양을 만든다.

5 완자를 숟가락으로 눌러가며 기름에 지지면서 지름 4cm가 되도록 납작하게 만든다.

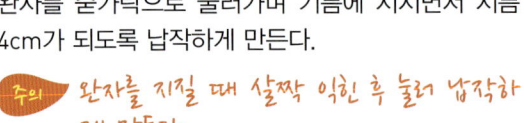

주의 완자를 지질 때 살짝 익힌 후 눌러 납작하게 만든다.

6 완자를 지진 팬에 기름을 넉넉하게 더 넣고 온도를 올려 살짝 익힌 완자의 양면이 갈색이 나도록 바싹 튀긴다.

7 달군 팬에 대파, 생강, 마늘을 볶아 향을 낸 후 청주, 간장을 1작은술씩 넣고 죽순, 표고버섯을 넣어 볶아낸다.

8 **7**에 물 1컵을 넣어 끓으면 튀긴 완자, 소금, 간장, 후춧가루로 간을 하고 1분 정도 조린 후, 청경채를 넣고 물녹말로 농도를 맞춘다.

9 참기름을 넣고 버무려 완성 접시에 담아낸다.

마파두부

(麻婆豆腐 | 삼마 할미파 콩두 썩을부)

 합격 Point

★ 두부는 부서지지 않게 한다.
★ 완성되었을 때 소스는 붉은색을 띠어야 한다.

요구사항

주어진 재료를 사용하여 다음과 같이 마파두부를 만드시오.

❶ 두부는 1.5cm의 주사위 모양으로 써시오.

❷ 두부가 으깨어지지 않게 하시오.

❸ 고추기름을 만들어 사용하시오.

❹ 홍고추는 씨를 제거하고 0.5cm × 0.5cm로 써시오.

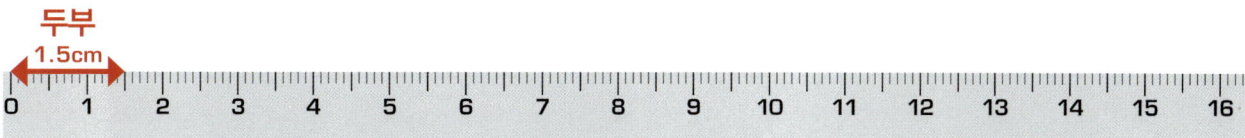

재료

- 두부 150g
- 돼지 등심(다진 살코기) 50g
- 녹말가루(감자 전분) 15g
- 홍고추(생) 1/2개
- 마늘(중, 깐 것) 2쪽
- 생강 5g
- 대파(흰 부분, 6cm) 1토막
- 두반장 10g
- 흰설탕 5g

- 고춧가루 15g
- 참기름 5ml
- 식용유 60ml
- 진간장 10ml
- 검은 후춧가루 5g

빈출 조합

- 새우케첩볶음 P.34
- 난자완스 P.42
- 탕수생선살 P.61
- 깐풍기 P.69
- 경장육사 P.77

조리과정

1 냄비에 두부 데칠 물을 올리고, 두부는 사방 1.5cm의 주사위 모양으로 썰어 끓는 물에 데친 후 찬물에 헹궈 건진다.

2 홍고추의 씨와 대파의 속심을 제거하여 각각 0.5cm 정도로 썰고 생강, 마늘은 잘게 다진다.

 데친 두부는 바로 찬물에 헹군 후 그릇에 옮겨 담아야 부서지지 않는다.

3 팬에 식용유 3큰술을 둘러 뜨거워지면 고춧가루 1큰술을 넣어 젓는다.

4 ❸이 끓으면 고운체에 걸러 고추기름을 만든다.

5 녹말가루 1큰술, 물 2큰술로 물녹말을 만든다.

6 달군 팬에 고추기름을 두르고 마늘, 생강, 대파, 홍고추를 넣고 볶다가 간장, 두반장, 다진 돼지고기를 넣고 볶는다.

7 물 1/2컵을 넣고 끓이면서 설탕 1작은술과 후춧가루를 넣는다. 끓으면 두부를 넣고 살살 저어가면서 물녹말로 농도를 맞춘다.

 물녹말을 조금씩 넣어가면서 저어 농도를 맞춘다.

8 불을 끄고 참기름을 넣어 고루 섞은 후 완성 접시에 소복이 담아낸다.

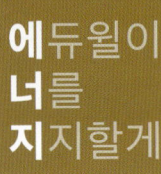

문이 하나 닫히면 다른 문이 열립니다.
인생의 모든 문이 닫히는 법은 없습니다.

— 조정민, 『인생은 선물이다』, 두란노

PART 03

시험시간
30분 이상

- 새우볶음밥 54
- 탕수육 57
- 탕수생선살 61
- 홍쇼두부 65
- 깐풍기 69
- 라조기 73
- 경장육사 77
- 유니짜장면 81
- 울면 85
- 양장피잡채 89

새우볶음밥

(蝦仁炒飯 | 새우 하 어질 인 볶을 초 밥 반)

합격 Point

★ 밥은 고슬고슬하게 지어 빨리 펼쳐서 식힌다.
★ 달군 팬에 기름과 밥을 넣고, 주걱을 세워 밥알이 고루 노릇하게 볶이게 한다.

요구사항

주어진 재료를 사용하여 다음과 같이 새우볶음밥을 만드시오.

❶ 새우는 내장을 제거하고 데쳐서 사용하시오.

❷ 채소는 0.5cm 크기의 주사위 모양으로 써시오.

❸ 부드럽게 볶은 달걀에 밥, 채소, 새우를 넣어 질지 않게 볶아 전량 제출하시오.

재료

- 쌀(30분 정도 물에 불린 쌀) 150g
- 작은 새우살 30g
- 달걀 1개
- 대파(흰 부분, 6cm) 1토막
- 당근 20g
- 청피망(중, 75g) 1/3개
- 소금 5g
- 흰후춧가루 5g
- 식용유 50ml

빈출 조합

- 오징어냉채 P.12
- 빠스옥수수 P.24
- 빠스고구마 P.27

조리과정

1 냄비에 물을 올리고, 새우는 내장을 제거한 후 끓는 물에 데친다.

2 불린 쌀을 씻어서 체에 건져 물을 동량으로 넣고 밥을 고슬고슬하게 지어 식힌다.

주의 밥이 타지 않게 고슬고슬하게 지어 식힌다.

3 당근, 피망, 대파는 0.5cm 크기의 주사위 모양으로 썬다.

4 달걀을 먼저 풀어 놓고, 달군 팬에 기름을 둘러 풀어 둔 달걀을 저으면서 부드럽게 익힌다.

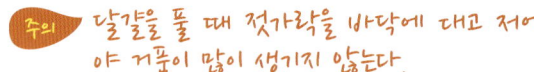
주의 달걀을 풀 때 젓가락을 바닥에 대고 저어야 거품이 많이 생기지 않는다.

5 달군 팬에 기름을 두르고 채소를 볶다가 밥을 넣고 흰후춧가루, 소금으로 간한 후 새우를 넣어 더 볶아낸다. 그다음 **4**의 익힌 달걀을 넣고 고루 섞는다.

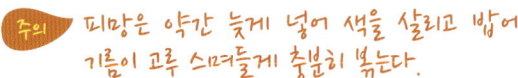
주의 피망은 약간 늦게 넣어 색을 살리고 밥에 기름이 고루 스며들게 충분히 볶는다.

6 밥이 노릇하게 되고 기름이 고루 스며들었으면 불을 끄고 완성 접시에 보기 좋게 담아낸다.

탕수육
(糖醋肉 | 사탕당 식초초 고기육)

 합격 Point

★ 튀김이 바삭하게 하고 소스의 농도가 너무 묽지 않게 한다.

요구사항

주어진 재료를 사용하여 다음과 같이 탕수육을 만드시오.

❶ 돼지고기는 길이 4cm, 두께 1cm의 긴 사각형 크기로 써시오.
❷ 채소는 편으로 써시오.
❸ 앙금녹말을 만들어 사용하시오.
❹ 소스는 달콤하고 새콤한 맛이 나도록 만들어 돼지고기에 버무려 내시오.

재료

- 돼지 등심(살코기) 200g
- 녹말가루(감자 전분) 100g
- 완두(통조림) 15g
- 당근(길이로 썰어서) 30g
- 오이(가늘고 곧은 것, 원형으로 지급, 20cm) 1/4개
- 건목이버섯 1개
- 양파(중, 150g) 1/4개
- 대파(흰 부분, 6cm) 1토막

- 달걀 1개
- 흰설탕 100g
- 진간장 15ml
- 식용유 800ml
- 식초 50ml
- 청주 15ml

소스

- **탕수소스**
  간장 1큰술, 설탕 4큰술, 식초 2.5큰술

빈출 조합

- 해파리냉채 P.15
- 부추잡채 P.18
- 빠스고구마 P.27
- 마파두부 P.46

조리과정

1 녹말가루에 동량의 물을 넣고 녹말을 가라앉혀 튀김옷에 사용할 앙금녹말을 만든다.

2 건목이버섯은 따뜻한 물에 불린 후 손질하여 뜯어둔다.

3 돼지고기는 4cm × 1cm의 긴 사각형으로 썰어 간장, 청주로 밑간한다.

4 오이, 당근, 양파, 대파는 3cm 정도의 편으로 썰고 완두콩은 씻어둔다.

 오이는 반달 모양 또는 네모 모양으로 편 썰기한다.

5 밑간한 돼지고기에 달걀물, 앙금녹말을 넣어 튀김옷을 입힌 후 두 번 튀긴다. 첫 번째는 140℃, 두 번째는 160~170℃ 기름에 바삭하게 튀겨 완성 접시에 담는다.

 튀김옷이 질 경우에는 녹말가루를 더 넣는다.

6 물녹말(녹말가루 1큰술, 물 2큰술)을 만들어 놓고 탕수소스(간장 1큰술, 설탕 4큰술, 식초 2.5큰술)를 만든다.

달군 팬에 기름을 두르고 대파를 볶아 향이 나면 물 1컵, 채소(오이 제외)를 넣어 끓으면 탕수소스를 넣고 오이를 넣은 후 물녹말로 농도를 맞춘다.

 오이는 색이 변하지 않도록 조리 마지막에 넣는다.

튀긴 돼지고기를 소스에 버무린 후 완성 접시에 담아 낸다.

탕수생선살

(糖醋魚塊 | 사탕당 식초초 물고기어 덩어리괴)

 합격 Point

★ 생선살이 부서지지 않게 물기를 제거하여 바삭하게 두 번 튀긴다.

요구사항

주어진 재료를 사용하여 다음과 같이 탕수생선살을 만드시오.

① 생선살은 1cm × 4cm 크기로 썰어 사용하시오.
② 채소는 편으로 썰어 사용하시오.
③ 소스는 달콤하고 새콤한 맛이 나도록 만들어 튀긴 생선에 버무려 내시오.

재료

- 흰생선살(껍질 벗긴 것, 동태 또는 대구) 150g
- 녹말가루(감자 전분) 100g
- 당근 30g
- 오이(가늘고 곧은 것, 20cm) 1/6개
- 완두콩 20g
- 파인애플(통조림) 1쪽
- 건목이버섯 1개
- 달걀 1개
- 흰설탕 100g
- 식용유 600ml
- 식초 60ml
- 진간장 30ml

소스

- **탕수소스**
  물 1컵, 설탕 4큰술, 식초 2.5큰술, 간장 1큰술

빈출 조합

- 해파리냉채 P.15
- 부추잡채 P.18
- 빠스옥수수 P.24
- 새우케첩볶음 P.34
- 채소볶음 P.38
- 마파두부 P.46

조리과정

1 물과 녹말가루를 1:1로 섞어 앙금녹말을 만든다.

2 건목이버섯은 물에 불린 후 손질하여 뜯어 놓고 완두콩은 씻어둔다.

3 당근, 오이는 편으로 썰고 파인애플도 비슷한 크기로 썬다.

4 물녹말(녹말 1큰술, 물 2큰술)과 탕수소스(물 1컵, 설탕 4큰술, 식초 2.5큰술, 간장 1큰술)를 만든다.

5 생선살의 물기를 제거하여 1cm × 4cm 크기로 썰고, 달걀물, 앙금녹말을 넣어 튀김옷을 입힌다.

주의 썬 생선살에 물기가 많으면 가볍게 짜준다.

6 **5**를 150℃ 기름에 먼저 튀기고 온도를 170℃ 정도로 높여 다시 한번 기름에 바삭하게 튀겨 완성 접시에 담아둔다.

주의 튀길 때 생선살이 부서지지 않게 조심한다.

7 달군 팬에 기름을 둘러 당근, 목이버섯, 파인애플, 완두콩을 넣고 볶은 후 탕수소스를 넣어 끓이다가 물녹말로 농도를 맞추고, 오이를 넣고 잠깐 끓여낸다.

8 튀긴 생선살 위에 7을 끼얹어 완성한다.

홍쇼두부

(紅燒豆腐 | 붉을홍 사를소 콩두 썩을부)

합격 Point

★ 두부는 부서지지 않고 연갈색이 고루 나야 한다.
★ 채소와 튀긴 두부가 잘 어우러질 수 있도록 소스의 농도를 조절해야 한다.

요구사항

주어진 재료를 사용하여 다음과 같이 홍쇼두부를 만드시오.

❶ 두부는 가로와 세로 5cm, 두께 1cm의 삼각형 크기로 써시오.
❷ 채소는 편으로 써시오.
❸ 두부는 으깨지거나 붙지 않게 하고 갈색이 나도록 하시오.

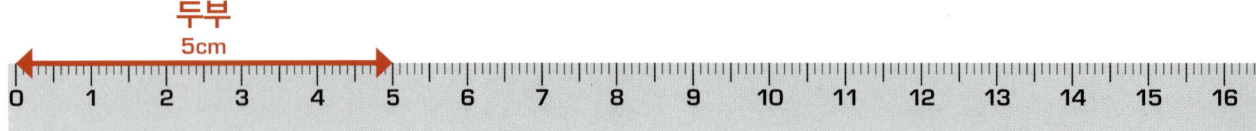

재료

- 녹말가루(감자 전분) 10g
- 두부 150g
- 돼지 등심(살코기) 50g
- 건표고버섯(지름 5cm, 물에 불린 것) 1개
- 청경채 1포기
- 홍고추(생) 1개
- 대파(흰 부분, 6cm) 1토막
- 마늘(중, 깐 것) 2쪽
- 죽순(통조림, whole, 고형분) 30g

- 양송이(통조림, whole, 큰 것) 1개
- 생강 5g
- 달걀 1개
- 진간장 15ml
- 청주 5ml
- 참기름 5ml
- 식용유 500ml

빈출 조합

- 오징어냉채 P.12
- 해파리냉채 P.15
- 부추잡채 P.18
- 빠스옥수수 P.24
- 고추잡채 P.30

조리과정

1 냄비에 물을 올리고, 두부는 사방 5cm의 정육면체로 썰어 대각선으로 반을 자른 후 두께 1cm 정도의 삼각형으로 썰어 물기를 제거한다.

2 청경채와 죽순은 4cm × 1.5cm 크기로 썰고, 양송이는 편으로 썰어 끓는 물에 데친 후 헹군다.

3 씨를 제거한 홍고추와 표고버섯, 대파는 죽순과 같은 크기로 썰고 마늘, 생강은 편으로 썬다.

4 삼각형으로 썬 두부를 160℃의 기름에 서로 붙지 않고 연갈색이 나도록 튀겨낸다.

5 돼지고기는 핏물을 제거한 후 3cm × 3cm 정도 크기의 편으로 썰어 간장, 청주로 밑간하고 달걀 흰자와 녹말가루 약간을 넣어 버무린 후 기름에 데쳐낸다.

6 녹말 1큰술과 물 2큰술로 물녹말을 만든다.

7 기름을 두른 팬에 대파, 마늘, 생강을 넣어 향을 낸 후 간장 1큰술, 청주를 넣어 볶고 표고버섯, 죽순, 양송이, 홍고추, 청경채 순으로 넣어 볶다가 물 1컵을 넣고 끓으면 튀긴 두부와 고기를 넣고 살짝 끓인다. 물녹말로 농도를 맞춘 후 불을 끄고 참기름을 넣어 고루 섞는다.

 물녹말은 조금씩 넣어가며 농도를 맞춘다.

8 완성 접시에 소복이 담아낸다.

깐풍기
(乾烹鷄 | 마를건 삶을팽 닭계)

시험시간 **30분**

합격 Point

★ 마늘, 생강은 채소보다 작게 썬다.
★ 튀긴 닭고기에 소스가 배어들 정도로 조린다.

요구사항

주어진 재료를 사용하여 다음과 같이 깐풍기를 만드시오.

❶ 닭은 뼈를 발라낸 후 사방 3cm 사각형으로 써시오.

❷ 닭을 튀기기 전에 튀김옷을 입히시오.

❸ 채소는 0.5cm × 0.5cm로 써시오.

재료

- 닭다리(한 마리 1.2kg, 허벅지살 포함, 반 마리 지급) 1개
- 녹말가루(감자 전분) 100g
- 청피망(중, 75g) 1/4개
- 홍고추(생) 1/2개
- 대파(흰 부분, 6cm) 2토막
- 마늘(중, 깐 것) 3쪽
- 생강 5g
- 달걀 1개
- 검은 후춧가루 1g
- 흰설탕 15g
- 소금(정제염) 10g
- 진간장 15ml
- 청주 15ml
- 식초 15ml
- 참기름 5ml
- 식용유 800ml

소스

- **깐풍소스**
  물 2큰술, 간장 2작은술, 설탕 1큰술, 청주 2작은술, 식초 1큰술, 검은 후춧가루

빈출 조합

- 빠스옥수수 P.24
- 고추잡채 P.30
- 새우케첩볶음 P.34

조리과정

1 녹말가루에 동량의 물을 넣고 녹말을 가라앉혀 튀김옷에 사용할 앙금녹말을 만든다.

주의 앙금녹말을 안 만들었을 때는 녹말가루를 사용해도 된다.

2 씨를 뺀 홍고추, 피망, 대파는 0.5cm 정도로 동일한 크기로 썰고 마늘, 생강은 다진다.

주의 부재료가 너무 굵으면 닭에 붙지 않는다.

3 닭은 찬물에 씻어 핏물을 제거한 후 뼈를 발라낸다.

주의 닭의 기름 덩어리는 제거한다.

4 뼈를 발라낸 닭을 껍질째 사방 3cm 크기로 썰어 소금, 청주, 후춧가루로 밑간을 한 후 달걀물과 앙금녹말로 튀김옷을 입힌다.

주의 튀김옷이 질 경우 녹말가루를 섞는다.

5 물 2큰술, 간장 2작은술, 설탕 1큰술, 청주 2작은술, 식초 1큰술, 후춧가루 약간을 섞어 깐풍소스를 만든다.

6 **3**의 닭을 첫 번째는 140℃, 두 번째는 160~170℃ 기름에서 바삭하게 튀긴다.

7 달군 팬에 기름을 두르고 대파, 마늘, 생강을 볶아 향을 낸 뒤 청주, 간장을 약간씩 넣는다. 계속해서 홍고추, 피망을 넣고 재빨리 볶다가 깐풍소스를 넣고 조린다.

8 7에 튀긴 닭을 넣고 살짝 버무린 후 참기름을 넣는다.

9 완성 접시에 소복이 담아낸다.

라조기

(辣椒鷄 | 매울 랄 산초나무 초 닭 계)

합격 Point

★ 물녹말로 소스 농도를 맞춘 후 남은 고추기름을 버무려 담는다.
★ 라조기소스의 농도가 너무 묽지 않게 한다.

요구사항

주어진 재료를 사용하여 다음과 같이 라조기를 만드시오.

❶ 닭은 뼈를 발라낸 후 5cm × 1cm의 길이로 써시오.
❷ 채소는 5cm × 2cm의 길이로 써시오.

재료

- 닭다리(한 마리 1.2kg, 허벅지살 포함, 반 마리 지급 가능) 1개
- 녹말가루(감자 전분) 100g
- 죽순(통조림, whole, 고형분) 50g
- 건표고버섯(지름 5cm, 물에 불린 것) 1개
- 홍고추(건) 1개
- 양송이(통조림, whole, 큰 것) 1개
- 청피망(중, 75g) 1/3개
- 청경채 1포기
- 달걀 1개

- 대파(흰 부분, 6cm) 2토막
- 마늘(중, 깐 것) 1쪽
- 진간장 30ml
- 생강 5g
- 소금(정제염) 5g
- 검은 후춧가루 1g
- 청주 15ml
- 고추기름 10ml
- 식용유 900ml

빈출 조합

- 오징어냉채 P.12
- 부추잡채 P.18
- 새우케첩볶음 P.34
- 채소볶음 P.38
- 탕수육 P.57
- 경장육사 P.77

조리과정

1 냄비에 물을 올리고 죽순, 양송이, 청경채, 표고버섯은 5cm × 2cm로 썰어 끓는 물에 데친 후 찬물에 헹군다.

주의 양송이는 모양을 살려 편으로 썬다.

2 피망, 대파, 홍고추(건)는 씨를 제거하고 5cm × 2cm로 썬다.

3 마늘, 생강은 편(또는 채)으로 썬다.

4 녹말가루 1큰술, 물 2큰술로 물녹말을 만든다.

5 닭은 찬물에 씻어 핏물을 제거한 후 뼈를 발라낸다.

주의 닭의 기름 덩어리는 제거한다.

6 뼈를 발라낸 닭을 5cm × 1cm 길이로 썰어 간장, 소금, 청주, 후춧가루로 밑간을 한 후 달걀물, 녹말가루(또는 앙금녹말)로 튀김옷을 입힌다.

7

6의 닭을 첫 번째는 150℃, 두 번째는 170℃ 기름에서 바삭하게 튀긴다.

8

달군 팬에 고추기름 1/2큰술을 두르고 홍고추(건), 마늘, 생강, 대파를 볶아 향이 나면 간장, 청주를 넣고 표고버섯, 죽순, 양송이, 피망, 청경채 순으로 볶는다.

 고추기름은 두 번에 나눠 사용하고, 청경채를 나중에 넣어 색이 변하지 않도록 한다.

9

8에 물 1컵을 넣어 끓으면 튀긴 닭을 넣고 소금, 후춧가루로 간을 한 후 물녹말로 농도를 맞춘다. 남은 고추기름을 넣고 버무려 완성한다.

10

완성 접시에 소복이 담아낸다.

경장육사
(京醬肉絲 | 서울경 장장 고기육 실사)

합격 Point

★ 돼지고기는 결대로 얇게 채 썰어 부드럽게 익힌다.
★ 짜장소스의 색이 너무 진하지 않아야 하며, 전체적으로 고루 색이 나야 한다.

요구사항

주어진 재료를 사용하여 다음과 같이 경장육사를 만드시오.

❶ 돼지고기는 길이 5cm의 얇은 채로 썰고 간을 하여 기름에 익혀 사용하시오.

❷ 춘장은 기름에 볶아서 사용하시오.

❸ 대파채는 길이 5cm로 어슷하게 채 썰어 매운맛을 빼고 접시에 담으시오.

재료

- 돼지 등심(살코기) 150g
- 녹말가루(감자 전분) 50g
- 대파(흰 부분, 6cm) 3토막
- 죽순(통조림, whole, 고형분) 100g
- 마늘(중, 깐 것) 1쪽
- 달걀 1개
- 굴소스 30ml
- 춘장 50g
- 식용유 300ml

- 생강 5g
- 흰설탕 30g
- 청주 30ml
- 진간장 30ml
- 참기름 5ml

빈출 조합

- 오징어냉채 P.12
- 해파리냉채 P.15
- 빠스옥수수 P.24
- 고추잡채 P.30
- 마파두부 P.46
- 탕수육 P.57

조리과정

1 대파는 길게 반을 갈라 속심을 빼고 5cm 정도로 어슷하게 채 썬 후 찬물에 담가 매운맛을 뺀다.

2 죽순은 5cm 정도의 길이로 채 썰어 끓는 물에 데친 후 찬물에 헹구고 마늘, 생강, 남은 대파는 다진다.

3 돼지고기는 핏물을 제거한 후 5cm 정도 길이로 얇게 채 썰어 간장, 청주, 달걀 흰자, 녹말가루로 버무린다.

4 팬에 기름을 넣어 100~120℃ 정도가 되면 **3**의 돼지고기를 넣고, 부드럽게 익으면 체에 건져 기름을 뺀다.

5 팬에 기름을 넣어 가열시킨 다음 춘장 2큰술을 넣고 기포가 생기면서 풀어지면 체에 받쳐 기름을 따라낸다.

주의: 춘장을 너무 오래 볶으면 딱딱해진다.

6 찬물에 담가둔 파채를 건져 물기를 제거한 후 완성 접시에 담아둔다.

7
녹말가루 1큰술, 물 2큰술로 물녹말을 만든다.

8
달군 팬에 기름을 두르고 다져둔 대파, 마늘, 생강을 볶다가 간장, 청주, 죽순, 고기 순으로 넣고, 볶은 춘장, 굴소스 1/2큰술, 설탕 1작은술, 물 3큰술을 넣어 잘 섞이도록 끓이면서 물녹말로 농도를 맞춘다.

 볶은 춘장은 한 번에 넣지 않고 색을 보면서 양을 가감한다.

9
불을 끄고 참기름을 넣어 고루 섞은 후 파채 위에 소복이 담아 완성한다.

유니짜장면

(肉泥炸醬麵 | 고기육 진흙니 튀길작 장장 밀가루면)

합격 Point

★ 면은 붇지 않게 삶는다.
★ 짜장소스의 색과 농도가 적절해야 한다.

요구사항

주어진 재료를 사용하여 다음과 같이 유니짜장면을 만드시오.

❶ 춘장은 기름에 볶아서 사용하시오.
❷ 양파, 호박은 0.5cm × 0.5cm 크기의 네모꼴로 써시오.
❸ 중식면은 끓는 물에 삶아 찬물에 헹군 후 데쳐 사용하시오.
❹ 삶은 면에 짜장소스를 부어 오이채를 올려내시오.

재료

- 돼지 등심(다진 살코기) 50g
- 녹말가루(감자 전분) 50g
- 중식면(생면) 150g
- 양파(중, 150g) 1개
- 호박(애호박) 50g
- 오이(가늘고 곧은 것, 20cm) 1/4개
- 춘장 50g
- 생강 10g
- 소금 10g
- 흰설탕 20g
- 청주 50ml
- 참기름 10ml
- 진간장 50ml
- 식용유 100ml

빈출 조합

- 오징어냉채 P.12
- 해파리냉채 P.15
- 빠스옥수수 P.24
- 채소볶음 P.38
- 새우볶음밥 P.54
- 탕수육 P.57

조리과정

1 냄비에 물을 올리고, 양파, 호박은 사방 0.5cm 크기로 썰고 생강은 곱게 다진다.

2 오이는 가시를 제거하여 채 썰고, 지급된 다진 고기는 한 번 더 다져 핏물을 제거한다.

3 녹말가루 1큰술, 물 2큰술을 섞어 물녹말을 만든다.

4 팬에 기름 4큰술 정도를 넣어 가열시킨 후 춘장을 넣고 기포가 생기면서 풀어지면 체에 받쳐 기름을 따라 낸다.

5 달군 팬에 기름을 둘러 다진 생강과 약간의 양파를 볶다가 고기를 넣어 볶고 간장, 청주로 향을 낸 후, 남은 양파와 호박을 넣고 볶은 춘장과 소금을 넣어가며 고루 섞이게 볶는다.

주의 볶은 춘장은 색을 보면서 양을 가감한다.

6 5에 물 1컵, 설탕 1큰술을 넣고 끓으면, 물녹말로 농도를 맞춘 후 불을 끄고 참기름을 넣어 고루 섞는다.

주의 물녹말을 조금씩 넣으면서 저어 농도를 맞춘다.

7 끓는 물에 중식면을 넣고 삶아 찬물에 헹군 후 제출 직전에 다시 뜨거운 물에 데쳐 완성 그릇에 담는다.

주의 지급된 면이 굵으면 3~4번, 얇으면 1~2번 정도 찬물을 끼얹어 속까지 익힌다.

8 삶은 면 위에 짜장소스를 붓고, 그 위에 오이채를 올려 완성한다.

주의 면이 차가우면 소스가 면에 묻지 않고 겉돌게 된다.

울면
(溫滷麵 | 따뜻할 온 간수 로 밀가루 면)

합격 Point

★ 물녹말로 농도를 맞춘 후에 달걀을 넣고 부드럽게 익혀야 한다.
★ 달걀이 덩어리지지 않고, 소스 농도가 너무 되직하지 않아야 한다.

요구사항

주어진 재료를 사용하여 다음과 같이 울면을 만드시오.

❶ 오징어, 대파, 양파, 당근, 배춧잎은 6cm 길이로 채를 써시오.

❷ 중식면은 끓는 물에 삶아 찬물에 헹군 후 데쳐 사용하시오.

❸ 소스는 농도를 잘 맞춘 다음, 달걀을 풀 때 덩어리지지 않게 하시오.

재료

- 녹말가루(감자 전분) 20g
- 중식면(생면) 150g
- 오징어(몸통) 50g
- 작은 새우살 20g
- 조선부추 10g
- 건목이버섯 1개
- 당근(길이 6cm) 20g
- 배춧잎(1/2잎) 20g
- 대파(흰 부분, 6cm) 1토막
- 양파(중, 150g) 1/4개
- 마늘(중, 깐 것) 3쪽
- 달걀 1개
- 소금 5g
- 흰후춧가루 3g
- 진간장 5ml
- 청주 30ml
- 참기름 5ml

빈출 조합

- 부추잡채 P.18
- 빠스옥수수 P.24
- 채소볶음 P.38
- 마파두부 P.46

조리과정

1 냄비에 물을 올리고, 양파, 배춧잎, 당근, 대파, 부추는 6cm 길이로 채 썰고 마늘은 다진다.

2 따뜻한 물에 건목이버섯을 불린 후 뜯어둔다.

3 오징어는 껍질을 제거한 후 6cm 길이로 채 썬다.

4 새우는 내장을 제거하고, 달걀은 풀어 체에 내린다.

5 녹말가루 1큰술, 물 2큰술로 물녹말을 만든다.

6 냄비에 물 2.5컵을 붓고 끓으면 마늘, 대파, 간장, 소금, 청주를 넣고 다시 끓어오르면 당근, 양파, 배추, 건목이버섯 순으로 넣는다.

6이 끓어오르면 오징어, 새우를 넣어 끓이면서 거품을 제거한다.

7에 물녹말로 농도를 맞춘 후 체에 내린 달걀을 조금씩 흘려 넣는다. 달걀이 부드럽게 익으면 흰후춧가루, 부추, 참기름을 넣는다.

 달걀을 풀어 익힐 때는 약불로 서서히 익히고 달걀이 떠오르면 가볍게 저어준다.

중식면을 끓는 물에 삶고 찬물에 헹궈 건진 후 다시 뜨거운 물에 데친다.

 지급된 면이 굵으면 3~4번, 얇으면 1~2번 정도 찬물을 끼얹어 속까지 익힌다.

삶은 중식면을 완성 그릇에 담고 8을 끼얹는다.

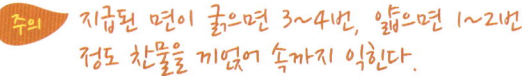 중식면을 미리 삶아둔 경우 뜨거운 물에 다시 데친 후 담아낸다.

양장피잡채

(炒肉兩張皮 | 볶을초 고기육 두량 베풀장 껍질피)

콕! 합격 Point

★ 돌려 담는 재료와 볶는 재료를 구분해서 사용한다.
★ 가장자리에 담을 재료는 준비되는 대로 바로 완성 접시에 담아 시간을 절약한다.

요구사항

주어진 재료를 사용하여 다음과 같이 양장피잡채를 만드시오.

❶ 양장피는 4cm로 하시오.
❷ 고기와 채소는 5cm 길이의 채를 써시오.
❸ 겨자는 숙성시켜 사용하시오.
❹ 볶은 재료와 볶지 않는 재료의 분별에 유의하여 담아내시오.

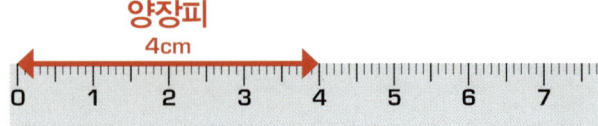
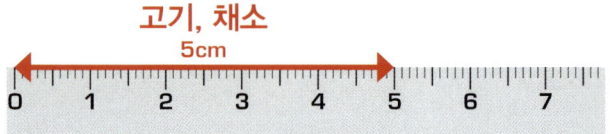

재료

- 양장피 1/2장
- 돼지 등심(살코기) 50g
- 작은 새우살 50g
- 갑오징어살(오징어 대체 가능) 50g
- 건해삼(불린 것) 60g
- 오이(가늘고 곧은 것, 길이 20cm) 1/3개
- 양파(중, 150g) 1/2개
- 조선부추 30g
- 건목이버섯 1개
- 당근(길이로 썰어서) 50g
- 달걀 1개
- 겨자 10g
- 식초 50ml
- 흰설탕 30g
- 식용유 20ml
- 소금(정제염) 3g
- 진간장 5ml
- 참기름 5ml

소스

- **겨자소스**
발효 겨자 1/2큰술, 설탕 1큰술, 식초 1큰술, 소금 1/3작은술, 참기름

빈출 조합

- 오징어냉채 P.12
- 해파리냉채 P.15
- 빠스옥수수 P.24
- 빠스고구마 P.27

조리과정

1. 냄비에 물을 올리고 미지근한 물에 겨자를 개어 발효시킨다.

2. 양장피는 물에 담가 놓고 목이버섯은 불린다. 끓는 물에 소금을 넣고 당근을 데쳐 5cm × 0.3cm 정도로 채 썬다. 오이도 당근과 같은 크기로 채 썰어 접시에 마주보게 담는다.

3. 새우는 내장을 제거하여 데치고, 오징어는 껍질을 벗겨 칼집을 낸 후 해삼과 함께 끓는 물에 데쳐 5cm 길이로 채 썬다.

4. 달걀은 황·백으로 분리하여 지단을 부쳐 5cm 길이로 채 썬다.

5. 채 썬 지단을 2, 3에서 준비한 재료와 함께 완성 접시 가장자리에 같은 재료가 마주보게 담는다.

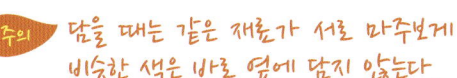

주의 : 담을 때는 같은 재료가 서로 마주보게 담고, 비슷한 색은 바로 옆에 담지 않는다.

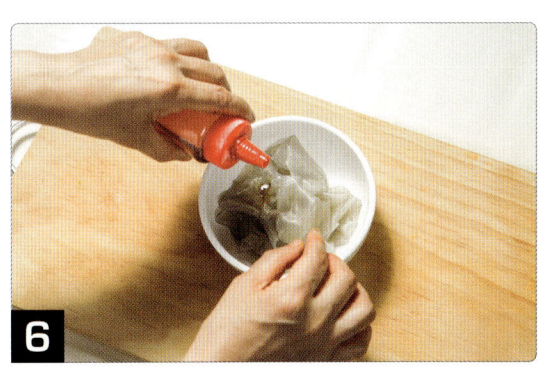

6. 양장피는 끓는 물에 데쳐 찬물로 헹군 후 사방 4cm 정도로 찢어 참기름에 무친다.

7 양파, 부추, 핏물을 제거한 돼지고기는 5cm 길이로 채 썰고, 불린 목이버섯은 뜯어서 볶을 재료를 준비한다.

8 달군 팬에 기름을 둘러 고기를 볶다가 간장을 넣어 향을 내고 양파, 목이버섯을 넣고 볶는다. 마지막에 부추를 넣고 재빨리 볶으면서 소금, 참기름을 넣는다.

9 **5**의 접시 위에 양장피를 담는다.

10 발효 겨자 1/2큰술, 설탕 1큰술, 식초 1큰술, 소금 1/3작은술, 참기름 약간을 섞어 겨자소스를 만든다.

11 **9**의 중앙에 볶은 재료를 소복이 담고 겨자소스를 끼얹어 완성한다.

**에듀윌이
너를
지지할게**
ENERGY

인생은 끊임없는 반복.
반복에 지치지 않는 자가 성취한다.

– 윤태호 「미생」 중

특별제공

과년도 폐지 과제

- 증교자 ········· 96
- 물만두 ········· 97
- 짜춘권 ········· 102
- 달걀탕 ········· 106
- 새우완자탕 ········· 109

증교자
(蒸餃子 | 찔증 경단교 아들자)

 합격 Point

★ 만두피는 익반죽하며 너무 두껍지 않아야 하고, 만두소의 양이 적당해야 한다.
★ 만두의 주름은 한 방향으로 일정해야 한다.

요구사항

주어진 재료를 사용하여 다음과 같이 증교자를 만드시오.

❶ 증교자의 주름은 한 방향으로 다섯 개 이상 잡으시오.
❷ 만두피는 익반죽으로 하시오.
❸ 만두 길이는 7cm 정도로 하고, 6개를 만들어 접시에 담아내시오.

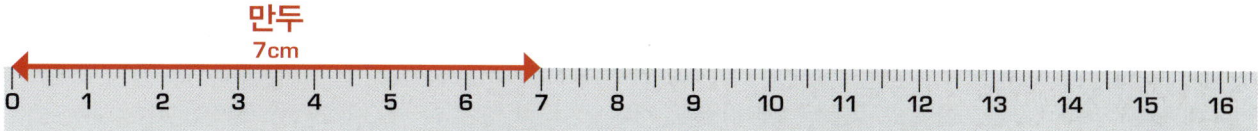

재료

- 돼지 등심(다진 살코기) 50g
- 밀가루(중력분) 100g
- 조선부추 30g
- 대파(흰 부분, 6cm 정도) 1토막
- 생강 5g
- 굴소스 10ml
- 소금(정제염) 10g
- 진간장 20ml
- 검은 후춧가루 5g
- 청주 10ml
- 참기름 5ml

조리과정

1 냄비에 물을 올리고, 밀가루 6큰술과 소금을 약간 넣어 끓인 물 1.5큰술 정도를 넣고 익반죽한 후 비닐에 넣어 숙성시킨다.

2 핏물을 제거한 돼지고기는 다시 다져 간장, 청주, 소금, 다진 생강, 참기름, 후춧가루, 굴소스, 다진 대파를 넣고 끈기가 생기게 젓가락으로 한 방향으로 저어준 다음 송송 썬 부추를 섞어서 만두소를 만든다.

> **주의** 부추를 미리 넣으면 풋내가 나므로, 고기를 양념한 후 마지막에 넣고 섞는다.

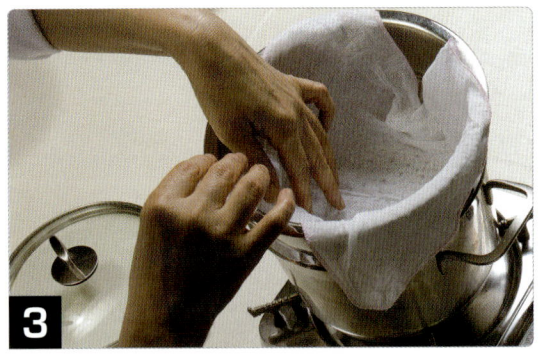

3 물을 넣은 찜통에 젖은 면포를 깔고 불을 켜 김이 오르게 한다.

> **주의** 젖은 면포를 깔아야 나중에 만두가 잘 떨어진다.

4 도마에 밀가루를 뿌리고 밀가루 반죽을 다시 치대어 길게 늘여 썰어 세운 후 손바닥으로 눌러 둥글납작하게 만든다. 밀대로 얇게 밀어 지름 7cm의 만두피를 만든다.

5 만두피에 만두소 1/2큰술 정도를 넣어 반으로 접고, 뒤쪽에 한 방향으로 주름을 5개 이상씩 잡아가며 만두 6개를 빚는다.

6 김이 충분히 오른 찜통에 만두를 넣고 10분 정도 쪄서 완성 접시에 담는다.

물만두
(水餃子 | 물수 경단교 아들자)

★ 만두소를 적당히 넣어 만두피가 찢어지지 않게 주의한다.

요구사항

주어진 재료를 사용하여 다음과 같이 물만두를 만드시오.

❶ 만두피는 찬물로 반죽하시오.
❷ 만두피의 크기는 직경 6cm 정도로 하시오.
❸ 만두는 8개 만드시오.

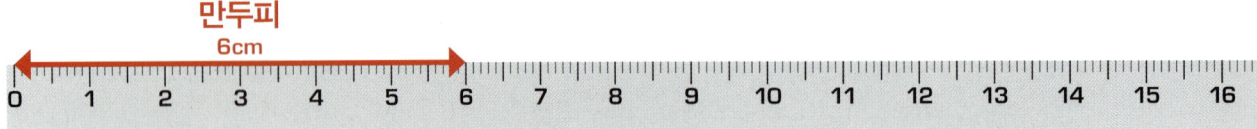

재료

- 밀가루(중력분) 100g
- 돼지 등심(살코기) 50g
- 조선부추 30g
- 대파(흰 부분, 6cm 정도) 1토막
- 생강 5g
- 소금(정제염) 10g
- 검은 후춧가루 3g
- 진간장 10ml
- 청주 5ml

- 참기름 5ml

조리과정

1 냄비에 물을 올리고, 밀가루 6큰술, 찬물 1.5큰술 정도, 소금 약간을 넣고 반죽하여 비닐에 싸서 숙성시킨다.

2 돼지고기는 핏물을 제거하여 다지고 간장, 소금, 후추, 청주, 참기름, 다진 생강을 넣어 섞은 후 다진 대파, 송송 썬 부추를 넣어 한 방향으로 저어 만두소를 만든다.

3 도마에 밀가루를 뿌리고 밀가루 반죽을 다시 치대어 길게 늘여 썰어 세운 후 손바닥으로 눌러 둥글납작하게 만든다. 밀대로 얇게 밀어 직경 6cm의 만두피를 만든다.

4 만두피에 만두소 1작은술 정도를 넣고 반으로 접어 눌러 가운데가 볼록 나온 삼각형 모양으로 8개를 빚는다.

> **주의** 만두소를 적당히 넣어 만두피가 찢어지지 않도록 주의한다.

5 끓는 물에 빚은 만두를 넣어 만두가 익어 떠오르면 찬물을 1~2번 정도 끼얹어 속까지 완전히 익힌다.

> **주의** 뚜껑을 덮고 끓이면 만두피가 부풀어 터질 수 있다.

6 완성 접시에 만두를 담고 만두 삶은 물 3큰술 정도를 부어 완성한다.

짜춘권

(炸春卷 | 튀길작 봄춘 말권)

시험시간 30분

콕! 합격 Point

★ 지단이 두껍지 않아야 하며 단단하게 말아 속 재료가 빠져나오지 않게 한다.
★ 튀김 기름의 온도가 높지 않게 하고, 굴려가면서 고루 연갈색이 나게 튀긴다.

요구사항

주어진 재료를 사용하여 다음과 같이 짜춘권을 만드시오.

❶ 작은 새우를 제외한 채소는 길이 4cm 정도로 써시오.

❷ 지단에 말이를 할 때는 지름 3cm 정도 크기의 원통형으로 하시오.

❸ 짜춘권은 길이 3cm 정도 크기로 8개를 만드시오.

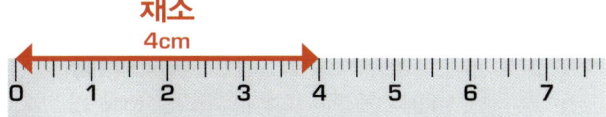

재료

- 돼지 등심(살코기) 50g
- 작은 새우살(내장이 있는 것) 30g
- 건해삼(불린 것) 20g
- 건표고버섯(지름 5cm 정도, 물에 불린 것) 2개
- 죽순(통조림, whole, 고형분) 20g
- 양파(중, 150g 정도) 1/2개
- 대파(흰 부분, 6cm 정도) 1토막
- 녹말가루(감자 전분) 15g
- 조선부추 30g
- 달걀 2개
- 생강 5g
- 밀가루(중력분) 20g
- 소금(정제염) 2g
- 검은 후춧가루 2g
- 진간장 10ml
- 참기름 5ml
- 식용유 800ml
- 청주 20ml

조리과정

1 냄비에 물을 올리고, 죽순, 해삼을 데쳐 4cm 길이로 채 썬다. 표고버섯, 양파, 부추, 대파, 핏물을 제거한 돼지고기는 4cm 길이로 채 썰고 생강은 다진다. 새우는 내장을 제거한 후 끓는 물에 데친다.

2 달걀을 잘 풀어 물녹말(녹말, 물 1/2큰술씩)과 소금을 섞은 후 체에 내린다.

3 달군 팬에 기름으로 코팅한 후 지단 2장을 얇게 만들어 식힌다.

주의 달걀에 거품이 생기면 숟가락으로 걷어낸다.

4 밀가루 2큰술에 물 1.5큰술을 섞어 밀가루 풀을 만들어 놓는다.

5 달군 팬에 대파, 생강을 넣고 볶다가 간장, 청주로 향을 낸 후 돼지고기, 양파, 표고버섯, 죽순, 새우, 해삼 순으로 넣어 재빨리 볶다가 부추를 넣고 잠깐 더 볶아 소금, 후춧가루로 간을 한다. 불을 끄고 참기름을 넣어 섞은 후 식힌다.

주의 볶은 재료는 물이 생길 수 있으므로 볶은 후 기울여 놓는다.

6 볶은 재료를 지단에 올린다.

7 ⑥의 양 끝에 밀가루 풀을 바르고 지름 3cm 정도의 원형으로 단단히 만다.

8 말아둔 지단을 120~140℃의 기름에 굴려가며 연갈색이 나도록 튀긴다.

 지단에 볶은 재료를 말 때는 앞으로 잡아당기면서 단단히 말아야 풀어지지 않는다.

 기름 온도가 너무 높으면 기포가 생겨 터질 수 있다.

9 연한 갈색으로 튀겨진 짜춘권을 3cm 길이로 8개를 썬다.

10 완성 접시에 세워서 담아낸다.

달걀탕
(鷄蛋湯 | 닭 계 새알 단 끓일 탕)

 합격 Point

★ 달걀이 뭉치지 않고 국물의 색이 맑으며 농도가 너무 되직하지 않게 한다.

요구사항

주어진 재료를 사용하여 다음과 같이 달걀탕을 만드시오.

❶ 대파와 표고, 죽순은 4cm 정도의 채로 써시오.

❷ 해삼, 돼지고기, 채소는 데쳐서 사용하시오.

❸ 탕의 색이 혼탁하지 않게 하시오.

재료

- 달걀 1개
- 건표고버섯(지름 5cm 정도, 물에 불린 것) 1개
- 죽순(통조림, whole, 고형분) 20g
- 팽이버섯 10g
- 돼지 등심(살코기) 10g
- 건해삼(불린 것) 20g
- 대파(흰 부분, 6cm 정도) 1토막
- 녹말가루(감자 전분) 15g

- 소금(정제염) 4g
- 흰후춧가루 2g
- 진간장 15ml
- 육수(또는 물) 450ml
- 참기름 5ml

조리과정

1 냄비에 물을 올리고, 표고버섯, 죽순, 해삼은 4cm로 채 썰어 끓는 물에 데친다.

2 팽이버섯은 4cm로 썰어두고, 대파와 핏물을 제거한 돼지고기는 4cm로 곱게 채 썬다.

3 녹말가루 1큰술, 물 2큰술을 섞어 물녹말을 만들어 둔다.

4 냄비에 물 2컵을 넣고 끓으면 간장, 소금, 흰후춧가루, 돼지고기, 죽순, 표고버섯, 해삼을 넣고, 끓으면 거품을 걷어낸 후 팽이버섯, 대파를 넣는다.

5 끓어오르면 물녹말을 넣어 약간 걸쭉하게 농도를 맞추고, 체에 내린 달걀을 조금씩 흘려 넣어 줄알 친다.

6 달걀이 뭉게구름같이 부드럽게 익으면 참기름을 약간 넣고 완성 그릇에 담는다.

> **주의** 물녹말로 농도를 맞춘 후 달걀을 넣으며, 달걀이 익기 전에 저으면 국물이 혼탁해지므로, 달걀이 익은 후 냄비 바닥을 저어준다.

새우완자탕

(蝦丸子湯 | 새우 하 알 환 아들 자 끓일 탕)

합격 Point

★ 새우에 물기가 많을 경우에는 물기를 제거해야 한다.
★ 국물을 맑게 하고 완자의 크기를 일정하게 한다.

요구사항

주어진 재료를 사용하여 다음과 같이 새우완자탕을 만드시오.

❶ 새우는 내장을 제거하여 다지고, 채소는 3cm 정도 크기 편으로 썰어 사용하시오.
❷ 완자는 새우살과 달걀흰자, 녹말가루를 이용하여 2cm 정도 크기로 6개 만드시오.
❸ 완자는 손이나 수저로 하나씩 떼어 익히시오.
❹ 국물은 맑게 하고, 양은 200ml 정도 내시오.

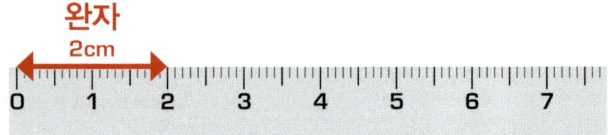

재료

- 작은 새우살 100g
- 달걀 1개
- 청경채 1포기
- 양송이(통조림, whole, 큰 것) 1개
- 대파(흰 부분, 6cm 정도) 1토막
- 죽순(통조림, whole, 고형분) 50g
- 녹말가루(감자 전분) 30g
- 소금 10g
- 검은 후춧가루 5g
- 청주 30ml
- 생강 5g
- 진간장 10ml
- 참기름 10ml
- 육수(또는 물) 400ml

조리과정

1 냄비에 물을 올린 후 죽순, 청경채는 3cm 정도의 편으로 썰고 양송이는 모양대로 편 썰어 끓는 물에 모두 데친 후, 찬물에 헹군다. 대파는 3cm로 썰고, 생강은 다져둔다.

2 새우는 내장을 제거하고 물기를 제거한 후 칼등으로 으깨면서 곱게 다진다.

> 주의 새우를 다질 때는 칼등으로 으깨면서 다져야 끈기가 생겨 부서지지 않는다.

3 새우에 소금, 청주, 달걀 흰자, 생강즙, 후춧가루, 녹말가루를 넣고 끈기가 생기게 젓가락으로 한 방향으로 저어가면서 반죽한다.

4 끓는 물에 청주, 소금을 넣어 끓으면, 반죽한 새우를 한 손으로 쥐어 2cm 정도 크기의 완자 6개를 떼어 넣어서 익혀낸다. 완자가 익어서 떠오르면 완자만 완성 그릇에 담아 놓는다.

5 완자를 삶은 국물은 젖은 면포에 걸러서 다시 냄비에 담고 간장으로 색을 낸 후 죽순, 양송이, 청경채를 넣고 끓이다가 대파, 참기름을 넣고 불을 끈다.

> 주의 마른 면포를 사용하면 면포가 국물을 빨아들인다.

6 완자를 담아둔 그릇에 **5**를 담아낸다.

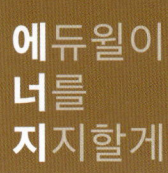

끝이 좋아야 시작이 빛난다.

– 마리아노 리베라(Mariano Rivera)

여러분의 작은 소리
에듀윌은 크게 듣겠습니다.

본 교재에 대한 여러분의 목소리를 들려주세요.
공부하시면서 어려웠던 점, 궁금한 점,
칭찬하고 싶은 점, 개선할 점, 어떤 것이라도 좋습니다.
에듀윌은 여러분께서 나누어 주신 의견을
통해 끊임없이 발전하고 있습니다.

에듀윌 도서몰 book.eduwill.net
- 부가학습자료 및 정오표: 에듀윌 도서몰 → 도서자료실
- 교재 문의: 에듀윌 도서몰 → 문의하기 → 교재(내용, 출간) / 주문 및 배송

에듀윌 중식조리기능사 실기

발 행 일	2023년 1월 30일 초판 | 2023년 10월 11일 3쇄
편 저 자	문혜자
펴 낸 이	김재환
펴 낸 곳	(주)에듀윌
등록번호	제25100-2002-000052호
주 소	08378 서울특별시 구로구 디지털로34길 55 코오롱싸이언스밸리 2차 3층

*이 책의 무단 인용·전재·복제를 금합니다.

www.eduwill.net
대표전화 1600-6700

스탠드형 핵심요약집

핵심 요약집 사용법

STEP1 실선을 따라 자른다.

STEP2 점선을 따라 접는다.

STEP3 조리대에 세워놓고 보면서 실습한다.

오징어냉채 — 시험시간 20분

1. 냄비에 물 끓이기(겨자 발효, 오징어 데치기용)
2. 미지근한 물에 겨자 1T 발효시키기, 오이 사슬 제거
3. 오징어는 껍질 벗겨 가로, 세로 0.3cm로 칼집낸 후 3~4cm 정도로 썰어 (갑오징어는 이단썰기) 데치기
4. 오이는 길이로 반을 자른 후 3cm 길이로 반달 또는 어슷썰기
5. 겨자소스: 발효 겨자 1/2T, 물 1/2T, 설탕 1T, 식초 1T, 소금 1/3t, 참기름
6. 오징어와 오이를 섞어 완성 접시에 담기 → 겨자소스 끼얹기

제출 전 Check
- ☑ 오징어 칼집
- ☑ 겨자소스

본문 P.12

해파리냉채 — 시험시간 20분

1. 냄비에 물 끓이기
2. 해파리를 찬물에 담가 헹구기
3. 오이는 0.2cm × 6cm로 채 썰기
4. 뜨거운 물에 해파리를 데쳐 찬 물에 헹구기 → 설탕 1/2T, 식초 1/2T에 버무리기
5. 마늘소스: 다진 마늘 1T, 설탕 1T, 식초 1T, 소금 1/3t, 참기름
6. 물기를 제거한 해파리와 채 썬 오이 섞기 → 마늘소스 반에 무치기 → 완성 접시에 담고 남은 소스 끼얹기

제출 전 Check
- ☑ 해파리 손질
- ☑ 마늘소스

본문 P.15

부추잡채 — 시험시간 20분

1. 호부추의 흰 줄기와 푸른 잎을 6cm로 썰기 → 구분해서 담기
2. 돼지고기를 0.3cm × 6cm로 채 썰기 → 소금, 청주 → 흰자 1/2T, 녹말가루 2/3T → 기름에 익혀 체에 건지기
3. 팬에 식용유를 넣고 가열 → 흰 줄기 볶기, 소금, 청주 → 푸른 잎 볶기 → 익힌 고기를 섞어 볶기 → 참기름
4. 완성 접시에 담기

제출 전 Check
- ☑ 고기 데친 색
- ☑ 부추 색

본문 P.18

빠스옥수수 — 시험시간 25분

1. 옥수수 체에 밭쳐 물기 빼기
2. 땅콩 껍질 벗기고 다지기
3. 옥수수 다지기 → 다진 땅콩, 노른자 1/2T, 밀가루 2~3T 정도
4. 완자 직경 3cm, 6개 만들기 → 노릇하게(황금색) 튀겨 건지기
5. 팬에 식용유 1/2T 넣고 코팅 → 설탕 3T 넣고 녹여 황금색 시럽 만들기 → 튀긴 옥수수 넣고 버무리기 → 찬물 1t 끼얹기 → 식용유 바른 접시에 달라붙지 않게 펼쳐 식히기
6. 완성 접시에 담기

제출 전 Check
- ☑ 튀긴 완자의 모양과 색
- ☑ 시럽 색

본문 P.24

오징어 냉채

재료
- 갑오징어살(또는 오징어) 100g
- 오이 1/3개
- 겨자 20g
- 흰설탕 15g
- 소금(정제염) 2g
- 식초 30ml
- 참기름 5ml

요구사항
1. 오징어 몸살은 종횡으로 칼집을 내어 3~4cm로 썰어 데쳐서 사용하시오.
2. 오이는 얇게 3cm 편으로 썰어 사용하시오.
3. 겨자를 숙성시킨 후 소스를 만드시오.

본문 P.12

해파리 냉채

재료
- 해파리 150g
- 오이 1/2개
- 마늘 3쪽
- 흰설탕 15g
- 소금 7g
- 식초 45ml
- 참기름 5ml

요구사항
1. 해파리의 염분을 제거하고 살짝 데쳐서 사용하시오.
2. 오이는 0.2cm × 6cm 크기로 어슷하게 채를 써시오.
3. 해파리와 오이를 섞어 마늘소스를 끼얹어 내시오.

본문 P.15

부추잡채

재료
- 부추(중국부추) 120g
- 돼지 등심(살코기) 50g
- 달걀 1개
- 녹말가루(감자 전분) 30g
- 소금 5g
- 청주 15ml
- 참기름 5ml
- 식용유 100ml

요구사항
1. 부추는 6cm 길이로 써시오.
2. 고기는 0.3cm × 6cm 길이로 써시오.
3. 고기는 간을 하여 기름에 익혀 사용하시오.

본문 P.18

빠스 옥수수

재료
- 옥수수(통조림) 120g
- 땅콩 7알
- 밀가루(중력분) 80g
- 달걀 1개
- 흰설탕 50g
- 식용유 500ml

요구사항
1. 완자의 크기를 지름 3cm 공 모양으로 하시오.
2. 땅콩은 다져 옥수수와 함께 버무려 사용하시오.
3. 설탕 시럽은 타지 않게 만드시오.
4. 빠스옥수수는 6개 만드시오.

본문 P.24

빠스고구마

시험시간 25분

제출 전 Check
- ☑ 튀긴 고구마 색
- ☑ 시럽 색

1. 팬에 식용유 가열
2. 고구마 껍질 벗겨 길게 4등분 → 길이 4cm의 다각형으로 돌려썰기
   * 물에 담갔을 경우 물기 제거 필수
3. 식용유에 넣고 저어가며 노릇하게(황금색) 튀기기
4. 팬에 식용유 1T 코팅 → 설탕 4T 녹여 황금색 시럽 → 튀긴 고구마 넣고 버무리기 → 찬물 1t 끼얹기 → 식용유 바른 접시에 붙지 않게 펼쳐 식히기
5. 완성 접시에 담기

본문 P.27

고추잡채

시험시간 25분

제출 전 Check
- ☑ 재료의 고른 채 썰기
- ☑ 볶은 피망의 색

1. 끓는 물에 표고버섯, 죽순을 데쳐 찬물에 헹구기
2. 피망 씨 제거 5cm 채 썰기 → 죽순, 표고버섯, 양파 5cm 채 썰기
3. 돼지고기 5cm 채 썰기 → 간장, 청주 → 흰자, 녹말가루 → 식용유에 데쳐 체에 건져 기름 빼기
4. 팬에 식용유 → 양파 볶기 → 간장, 청주 → 표고버섯, 죽순 볶기 → 피망 볶기 + 소금 → 익힌 고기 넣고 볶기 → 참기름
5. 완성 접시에 담기

본문 P.30

새우케첩볶음

시험시간 25분

제출 전 Check
- ☑ 채소 크기
- ☑ 소스의 농도

1. 새우에 내장 제거 후 씻어 건지기 → 청주 1t에 버무리기
2. 완두콩 씻어 데치기 → 생강 편 썰기 → 양파, 당근, 대파 1cm × 1cm × 0.2cm로 썰기
3. 물녹말: 녹말가루 1T, 물 2T
4. 새우, 노른자, 앙금녹말 반죽 → 140℃에 1차 튀기기 → 160~170℃에 2차 바삭하게 튀기기
5. 팬에 식용유 → 대파, 생강 볶기 → 청주, 간장 → 양파, 당근, 완두콩 볶기 → 물 1/2C, 케첩 3T → 설탕 1T 끓으면 물녹말 → 튀긴 새우 섞기
6. 완성 접시에 담기

본문 P.34

채소볶음

시험시간 25분

제출 전 Check
- ☑ 채소 색
- ☑ 소스 농도

1. 냄비에 물 끓이기
2. 씨 제거한 피망, 표고버섯, 죽순, 당근 4cm × 1.5cm 썰기 → 양송이, 섬유질 제거한 셀러리 편 썰기 → 끓는 물에 데친 후 찬물에 헹구기 → 청경채, 대파 4cm 편 썰기
3. 마늘, 생강 편 썰기
4. 물녹말: 녹말가루 1T, 물 2T
5. 팬에 식용유 → 대파, 마늘, 생강 → 간장 약간, 청주 → 표고버섯, 양송이, 당근, 죽순 볶기 → 피망, 청경채 볶기 → 물 1/2C, 소금, 흰후추 → 물 녹말 → 참기름
6. 완성 접시에 담기

본문 P.38

빠스 고구마

재료
- 고구마 1개
- 흰설탕 100g
- 식용유 1,000ml

요구사항
1. 고구마는 껍질을 벗기고 먼저 길게 4등분을 내고, 다시 4cm 길이의 다각형으로 돌려썰기 하시오.
2. 튀김이 바삭하게 되도록 하시오.

본문 P.27

고추잡채

재료
- 돼지 등심(살코기) 100g
- 녹말가루(감자 전분) 15g
- 청피망 1개
- 건표고버섯 2개
- 달걀 1개
- 참기름 5ml
- 청주 5ml
- 죽순(통조림) 30g
- 양파 1/2개
- 소금 5g
- 식용유 150ml
- 진간장 15ml

요구사항
1. 주재료 피망과 고기는 5cm의 채로 써시오.
2. 고기는 간을 하여 기름에 익혀 사용하시오.

본문 P.30

새우 케첩볶음

재료
- 작은 새우살(내장 있는 것) 200g
- 녹말가루(감자 전분) 100g
- 당근 30g
- 완두콩 10g
- 대파 1토막
- 생강 5g
- 흰설탕 10g
- 진간장 15ml
- 이쑤시개 1개
- 양파 1/6개
- 달걀 1개
- 토마토 케첩 50g
- 소금 2g
- 청주 30ml
- 식용유 800ml

요구사항
1. 새우 내장을 제거하시오.
2. 당근과 양파는 1cm 크기의 사각으로 써시오.

본문 P.34

채소볶음

재료
- 청경채 1개
- 셀러리 30g
- 당근 50g
- 죽순(통조림) 30g
- 마늘 1쪽
- 흰후춧가루 2g
- 진간장 5ml
- 참기름 5ml
- 녹말가루(감자 전분) 20g
- 건표고버섯 2개
- 청피망 1/3개
- 양송이(통조림) 2개
- 대파 1토막
- 생강 5g
- 소금 5g
- 청주 5ml
- 식용유 45ml

요구사항
1. 모든 채소는 길이 4cm의 편으로 써시오.
2. 대파, 마늘, 생강을 제외한 모든 채소는 끓는 물에 살짝 데쳐서 사용하시오.

본문 P.38

난자완스 (시험시간 25분)

제출 전 Check
- ☑ 완자의 크기와 색
- ☑ 소스의 색과 농도

1. 냄비에 물 끓이기(표고버섯 데치기용)
2. 마늘 편 썰기 → 생강 다지기 → 대파 3cm 편 썰기
3. 청경채, 표고버섯, 죽순 4cm 편 썰기 → 청경채, 표고버섯 끓는 물에 데친 후 찬물에 헹구기
4. 물녹말: 녹말가루 1T, 물 2T
5. 돼지고기 핏물 제거 후 다지기 → 간장, 청주, 후추, 참기름 밑간 + 달걀 흰자, 녹말가루 → 젓가락으로 한 방향으로 젓기
6. ❺를 손과 숟가락을 이용하여 둥근 완자 만들기 → 숟가락으로 4cm 정도 납작하게 눌러주기
7. 앞·뒤로 살짝 익히기 → 기름 온도를 높여 갈색으로 튀기기
8. 팬에 식용유 → 대파, 생강, 마늘 → 간장, 청주 → 죽순, 표고버섯, 물 1C → 튀긴 완자, 소금, 후추 넣고 1분 정도 조리기 → 청경채, 물녹말, 참기름
9. 완성 접시에 담기

본문 P.42

마파두부 (시험시간 25분)

제출 전 Check
- ☑ 고추기름 만들기
- ☑ 소스의 색과 농도

1. 냄비에 물 끓이기(두부 데치기용)
2. 두부 1.5cm의 주사위 모양으로 썰어 끓는 물에 데쳐 찬물에 헹구기
3. 대파, 홍고추 0.5cm 썰기 → 생강, 마늘 다지기 → 돼지고기 핏물 제거 후 다지기
4. 팬에 식용유 3T 넣고 데우기 → 고춧가루 1T 넣고 젓기 → 고운체에 걸러 고추기름 만들기
5. 물녹말: 녹말가루 1T, 물 2T
6. 팬에 고추기름 → 마늘, 생강, 대파, 홍고추 볶기 → 간장, 두반장, 돼지고기 볶기 → 물 1/2C, 설탕 1t, 후추 → 끓이기 → 두부 넣고 부서지지 않게 가볍게 젓기 → 물녹말 → 참기름
7. 완성 접시에 담기

본문 P.46

새우볶음밥 (시험시간 30분)

제출 전 Check
- ☑ 밥 고슬하게 짓기
- ☑ 밥 노릇하게 볶기

1. 새우 내장 제거하고 씻어 끓는 물에 데치기
2. 불린 쌀을 헹궈 건진 후 동량의 물과 고슬고슬하게 밥 지어 식히기
3. 당근, 피망, 대파는 0.5cm 크기로 썰기
4. 달걀 잘 풀기
5. 팬에 식용유 두르고 달걀 저어가며 익히기
6. 팬에 식용유 두르고 채소 볶기 → 밥 노릇하게 볶기 → 소금, 흰후추, 새우 넣기 → 달걀 섞기
7. 완성 접시에 소복이 담기

본문 P.54

난자완스

재료
- 돼지 등심(다진 살코기) 200g
- 달걀 1개
- 청경채 1포기
- 죽순(통조림) 50g
- 건표고버섯 2개
- 녹말가루(감자 전분) 50g
- 마늘 2쪽
- 대파 1토막
- 생강 5g
- 소금 3g
- 검은 후춧가루 1g
- 진간장 15ml
- 청주 20ml
- 참기름 5ml
- 식용유 800ml

요구사항
1. 완자는 지름 4cm로 둥글고 납작하게 만드시오.
2. 완자는 손이나 수저로 하나씩 떼어 팬에서 모양을 만드시오.
3. 채소 크기는 4cm 크기의 편으로 써시오(단, 대파는 3cm 크기).
4. 완자는 갈색이 나도록 하시오.

본문 P.42

마파두부

재료
- 돼지 등심(다진 살코기) 50g
- 녹말가루(감자 전분) 15g
- 두부 150g
- 마늘 2쪽
- 대파 1토막
- 흰설탕 5g
- 참기름 5ml
- 진간장 10ml
- 홍고추 1/2개
- 생강 5g
- 두반장 10g
- 고춧가루 15g
- 식용유 60ml
- 검은 후춧가루 5g

요구사항
1. 두부는 1.5cm의 주사위 모양으로 써시오.
2. 두부가 으깨어지지 않게 하시오.
3. 고추기름을 만들어 사용하시오.
4. 홍고추는 씨를 제거하고 0.5cm×0.5cm로 써시오.

본문 P.46

새우 볶음밥

재료
- 쌀 150g
- 작은 새우살 30g
- 달걀 1개
- 대파 1토막
- 당근 20g
- 청피망 1/3개
- 소금 5g
- 흰후춧가루 5g
- 식용유 50ml

요구사항
1. 새우는 내장을 제거하고 데쳐서 사용하시오.
2. 채소는 0.5cm 크기의 주사위 모양으로 써시오.
3. 부드럽게 볶은 달걀에 밥, 채소, 새우를 넣어 질지 않게 볶아 전량 제출하시오.

본문 P.54

탕수육
시험시간 30분

제출 전 Check
- ☑ 튀긴 돼지고기 색
- ☑ 비율과 농도

1. 앙금녹말: 녹말가루 5T, 물 5T
2. 목이버섯 불려 뜯기, 완두콩 씻어 건지기
3. 돼지고기 4cm × 1cm 썰기 → 간장, 청주
4. 오이, 당근, 대파 편 썰기
5. 탕수소스: 간장 1T, 설탕 4T, 식초 2.5T
6. 물녹말: 녹말가루 1T, 물 2T
7. 고기, 앙금녹말, 달걀물 → 바삭하게 2번 튀기기 → 완성 접시에 담기
8. 팬에 식용유 → 대파 → 물 1C → 양파, 당근, 완두콩 → 소스 끓이기 → 오이 → 물녹말
9. 소스에 튀긴 돼지고기 버무려 담기

본문 P.57

탕수생선살
시험시간 30분

제출 전 Check
- ☑ 생선살 모양
- ☑ 소스의 농도

1. 앙금녹말: 물 5T, 녹말가루 5T
2. 목이버섯 불려 뜯기, 완두콩 씻어 건지기
3. 물녹말: 녹말가루 1T, 물 2T
4. 당근, 오이 편 썰기 → 파인애플 썰기
5. 소스: 물 1C + 설탕 4T + 식초 2.5T + 간장 1T
6. 생선살 물기 제거 → 1cm × 4cm 썰기 → 달걀물, 앙금녹말 섞기 → 2번 바삭하게 튀기기 → 완성 접시에 담기
7. 팬에 식용유 → 당근, 목이버섯, 파인애플, 완두콩 볶기 → 소스 끓이기 → 오이 → 물녹말
8. ❻의 튀긴 생선살에 소스 끼얹기

본문 P.61

홍쇼두부
시험시간 30분

제출 전 Check
- ☑ 두부 모양과 튀긴 색
- ☑ 소스의 색과 농도

1. 냄비에 물 끓이기(표고버섯 데치기용)
2. 두부 5cm × 5cm × 1cm 삼각형으로 썰어 물기 제거 → 홍고추, 표고버섯, 죽순, 대파, 청경채, 양송이, 마늘, 생강 편 썰기 → 청경채, 죽순, 양송이 데치기
3. 물녹말: 녹말가루 1T, 물 2T
4. 돼지고기 3cm × 3cm 정도 크기로 얇게 편 썰기 → 간장, 청주 → 흰자, 녹말가루 → 식용유에 데쳐 체에 건지기 → 두부 노릇하게 튀기기
5. 팬에 식용유 → 대파, 마늘, 생강 볶기 → 간장 1T, 청주 → 표고버섯, 죽순, 홍고추, 양송이, 청경채 → 물 1C 넣고 끓이기 → 튀긴 두부, 익힌 고기 끓이기 → 물녹말 → 참기름
6. 완성 접시에 담기

본문 P.65

깐풍기
시험시간 30분

제출 전 Check
- ☑ 닭의 크기와 튀긴 색
- ☑ 소스의 양

1. 앙금녹말 만들기
2. 홍고추, 대파, 청피망 사방 0.5cm로 썰기 → 마늘, 생강 다지기
3. 닭뼈 발라서 사방 3cm 썰기 → 소금, 청주, 후추 밑간 → 달걀물, 앙금녹말 반죽 → 기름에 2번 바삭하게 튀기기
4. 소스: 물 2T, 간장 2t, 설탕 1T, 청주 2t, 식초 1T, 후추
5. 팬에 식용유 → 대파, 마늘, 생강, 홍고추 → 소스 끓이기 → 청피망 → 튀긴 닭 넣고 버무리기 → 참기름
6. 완성 접시에 담기

본문 P.69

탕수육

재료
- 돼지 등심(살코기) 200g
- 녹말가루(감자 전분) 100g
- 완두(통조림) 15g
- 당근 30g
- 오이 1/4개
- 건목이버섯 1개
- 양파 1/4개
- 달걀 1개
- 대파 1토막
- 흰설탕 100g
- 진간장 15ml
- 식용유 800ml
- 식초 50ml
- 청주 15ml

요구사항
1. 돼지고기는 길이 4cm, 두께 1cm의 긴 사각형 크기로 써시오.
2. 채소는 편으로 써시오.
3. 앙금녹말을 만들어 사용하시오.
4. 소스는 달콤하고 새콤한 맛이 나도록 만들어 돼지고기에 버무려 내시오.

본문 P.57

탕수생선살

재료
- 흰생선살(동태 또는 대구) 150g
- 녹말가루(감자 전분) 100g
- 당근 30g
- 오이 1/6개
- 완두콩 20g
- 파인애플(통조림) 1쪽
- 건목이버섯 1개
- 달걀 1개
- 흰설탕 100g
- 식용유 600ml
- 식초 60ml
- 진간장 30ml

요구사항
1. 생선살은 1cm × 4cm 크기로 썰어 사용하시오.
2. 채소는 편으로 썰어 사용하시오.
3. 소스는 달콤하고 새콤한 맛이 나도록 만들어 튀긴 생선에 버무려 내시오.

본문 P.61

홍쇼두부

재료
- 녹말가루(감자 전분) 10g
- 두부 150g
- 돼지 등심(살코기) 50g
- 건표고버섯 1개
- 청경채 1포기
- 홍고추 1개
- 대파 1토막
- 마늘 2쪽
- 죽순(통조림) 30g
- 양송이(통조림) 1개
- 생강 5g
- 달걀 1개
- 진간장 15ml
- 청주 5ml
- 참기름 5ml
- 식용유 500ml

요구사항
1. 두부는 가로와 세로 5cm, 두께 1cm의 삼각형 크기로 써시오.
2. 채소는 편으로 써시오.
3. 두부는 으깨지거나 붙지 않게 하고 갈색이 나도록 하시오.

본문 P.65

깐풍기

재료
- 닭다리(허벅지살 포함) 1개
- 녹말가루(감자 전분) 100g
- 청피망 1/4개
- 홍고추 1/2개
- 대파 2토막
- 마늘 3쪽
- 생강 5g
- 달걀 1개
- 검은 후춧가루 1g
- 흰설탕 15g
- 소금 10g
- 진간장 15ml
- 청주 15ml
- 식초 15ml
- 참기름 5ml
- 식용유 800ml

요구사항
1. 닭은 뼈를 발라낸 후 사방 3cm 사각형으로 써시오.
2. 닭을 튀기기 전에 튀김옷을 입히시오.
3. 채소는 0.5cm × 0.5cm로 써시오.

본문 P.69

라조기

시험시간 30분

제출 전 Check
- ☑ 고추기름 사용
- ☑ 소스 색

1. 냄비에 물 끓이기(표고버섯 데치기용)
2. 죽순, 양송이, 청경채, 표고버섯 5cm × 2cm로 썰어 데치기 → 피망, 대파, 씨 제거한 건고추 5cm × 2cm 편 썰기 → 마늘, 생강 편(또는 채) 썰기
3. 닭 뼈 발라내서 5cm × 1cm로 썰기 → 소금, 청주, 후추 → 달걀물, 앙금녹말
4. 물녹말: 녹말가루 1T, 물 2T
5. 팬에 식용유 가열 → 닭 2번 바삭하게 튀기기
6. 팬에 고추기름 → 건고추, 마늘, 생강, 대파 볶기 → 간장, 청주 → 표고버섯, 죽순, 양송이, 피망, 청경채 볶기 → 물 1C 넣고 끓이기 → 튀긴 닭, 소금, 후추 넣고 1분 끓이기 → 물녹말 → 남은 고추기름 넣고 버무리기
7. 완성 접시에 담기

본문 P.73

경장육사

시험시간 30분

제출 전 Check
- ☑ 돼지고기 색
- ☑ 짜장소스의 색과 농도

1. 냄비에 물 끓이기
2. 대파 속심 제거 후 5cm 정도 길이로 어슷썰어 찬물에 담그기
3. 죽순 5cm 길이로 채 → 끓는 물에 데치기 → 대파 약간, 마늘, 생강 다지기
4. 돼지고기 5cm 채 썰기 → 간장, 청주, 흰자, 녹말가루 → 기름에 데치기
5. 물녹말: 녹말가루 1T, 물 2T
6. 팬에 식용유 → 춘장 2T 볶기 → 체에 건지기
7. 대파채 건져 물기 제거 후 완성 접시에 담기
8. 팬에 식용유 → 대파, 마늘, 생강 볶기 → 간장, 청주 → 죽순채, 고기채, 춘장, 굴소스 1/2T, 설탕 1t, 물 3T → 물녹말 → 참기름
9. 파채 위에 ❽ 올리기

본문 P.77

유니짜장면

시험시간 30분

제출 전 Check
- ☑ 면 삶아 다시 데치기
- ☑ 짜장소스의 색과 농도

1. 양파, 호박 사방 0.5cm로 썰기 → 생강 다지기
2. 오이는 채 썰기
3. 팬에 기름, 춘장 볶기 → 체에 밭치기 *기름은 춘장 양의 2배 정도
4. 핏물을 제거한 돼지고기 다지기
5. 물녹말: 녹말가루 1T, 물 2T
6. 팬에 식용유 1T에 양파 약간, 생강 볶기 → 돼지고기 볶기 → 간장, 청주 → 양파, 호박 볶기 → 춘장, 소금 → 물 1C, 설탕 1T → 물녹말 → 참기름
7. 끓는 물에 면을 삶아 찬물에 헹구기 → 다시 뜨거운 물에 면 데치기
8. 완성 그릇에 면 담고 짜장소스 얹고 오이채 올리기

본문 P.81

울면

시험시간 30분

제출 전 Check
- ☑ 소스의 농도
- ☑ 달걀 줄알 치기

1. 양파, 배춧잎, 당근, 대파, 부추 6cm 채 썰기 → 마늘 다지기
2. 목이버섯 불려서 뜯기
3. 오징어 껍질 벗긴 후 6cm 썰기 → 새우 내장 제거
4. 달걀 풀어 체에 내리기
5. 물녹말: 녹말가루 1T, 물 2T
6. 냄비에 물 2.5C 끓이기 → 마늘, 대파 → 간장, 소금, 청주 → 당근, 양파, 배추, 목이버섯 끓이기 → 오징어, 새우 끓으면 거품 제거 → 물녹말 → 달걀 줄알 치기 → 흰후추, 부추, 참기름
7. 중화면을 삶아 익으면 찬물에 헹궈 다시 끓는 물에 데치기
8. 완성 그릇에 면 담고 ❻을 끼얹기

본문 P.85

라조기

재료
- 닭다리(허벅지살 포함) 1개
- 녹말가루(감자 전분) 100g
- 죽순(통조림) 50g
- 건표고버섯 1개
- 홍고추(건) 1개
- 양송이(통조림) 1개
- 청피망 1/3개
- 청경채 1포기
- 달걀 1개
- 대파 2토막
- 마늘 1쪽
- 진간장 30ml
- 생강 5g
- 소금 5g
- 검은 후춧가루 1g
- 청주 15ml
- 고추기름 10ml
- 식용유 900ml

요구사항
1. 닭은 뼈를 발라낸 후 5cm × 1cm의 길이로 써시오.
2. 채소는 5cm × 2cm의 길이로 써시오.

본문 P.73

경장육사

재료
- 돼지 등심(살코기) 150g
- 녹말가루(감자 전분) 50g
- 대파 3토막
- 죽순(통조림) 100g
- 마늘 1쪽
- 달걀 1개
- 굴소스 30ml
- 춘장 50g
- 식용유 300ml
- 생강 5g
- 흰설탕 30g
- 청주 30ml
- 진간장 30ml
- 참기름 5ml

요구사항
1. 돼지고기는 길이 5cm의 얇은 채로 썰고 간을 하여 기름에 익혀 사용하시오.
2. 춘장은 기름에 볶아서 사용하시오.
3. 대파채는 길이 5cm로 어슷하게 채 썰어 매운맛을 빼고 접시에 담으시오.

본문 P.77

유니짜장면

재료
- 돼지 등심(다진 살코기) 50g
- 녹말가루(감자 전분) 50g
- 중식면(생면) 150g
- 양파 1개
- 호박(애호박) 50g
- 오이 1/4개
- 춘장 50g
- 생강 10g
- 소금 10g
- 흰설탕 20g
- 청주 50ml
- 참기름 10ml
- 진간장 50ml
- 식용유 100ml

요구사항
1. 춘장은 기름에 볶아서 사용하시오.
2. 양파, 호박은 0.5cm × 0.5cm 크기의 네모꼴로 써시오.
3. 중식면은 끓는 물에 삶아 찬물에 헹군 후 데쳐 사용하시오.
4. 삶은 면에 짜장소스를 부어 오이채를 올려내시오.

본문 P.81

울면

재료
- 녹말가루(감자 전분) 20g
- 중식면(생면) 150g
- 오징어(몸통) 50g
- 작은 새우살 20g
- 조선부추 10g
- 건목이버섯 1개
- 당근 20g
- 배춧잎(1/2잎) 20g
- 대파 1토막
- 양파 1/4개
- 마늘 3쪽
- 달걀 1개
- 소금 5g
- 흰후춧가루 3g
- 진간장 5ml
- 청주 30ml
- 참기름 5ml

요구사항
1. 오징어, 대파, 양파, 당근, 배춧잎은 6cm 길이로 채를 써시오.
2. 중식면은 끓는 물에 삶아 찬물에 헹군 후 데쳐 사용하시오.
3. 소스는 농도를 잘 맞춘 다음, 달걀을 풀 때 덩어리지지 않게 하시오.

본문 P.85

양장피잡채

시험시간 35분

제출 전 Check
- ☑ 각 재료의 크기
- ☑ 재료의 담음새

1. 냄비에 물 끓이기(겨자 발효, 목이버섯과 양장피 데치기용)
2. 미지근한 물 1T + 겨자 1T 발효시키기
3. 양장피 불리기 → 목이버섯 불려 뜯기
4. 오이, 당근 5cm 채 썰어 완성 접시에 담기
5. 오징어 껍질 벗겨 칼집내기, 새우 내장 제거, 해삼 5cm 채 썰기 → 오징어, 새우, 해삼 데치기
6. 황·백지단을 부치기 → 5cm 채 썰어 완성 접시에 담기
7. 오징어 채 썰어 완성 접시에 담기 → 해삼, 새우 완성 접시에 담기
8. 양장피를 데쳐 찬물에 헹궈 물기 제거 → 4cm 찢기 → 참기름 → 완성 접시 중간에 담기

9. 양파, 돼지고기, 부추 5cm 채 썰기
10. 팬에 식용유 → 고기 볶기 → 간장 1t → 양파, 목이버섯, 부추 볶기 → 소금, 참기름
11. 정중앙에 ⑩의 볶은 재료 담기
12. 겨자소스: 발효 겨자 1/2T, 설탕 1T, 식초 1T, 소금, 참기름
13. 완성 접시의 생채소 위에 소스 끼얹기

본문 P.89

memo

memo

양장피 잡채

재료

- 양장피 1/2장
- 돼지 등심(살코기) 50g
- 작은 새우살 50g
- 갑오징어살(또는 오징어) 50g
- 건해삼(불린 것) 60g
- 오이 1/3개
- 양파 1/2개
- 조선부추 30g
- 건목이버섯 1개
- 당근 50g
- 달걀 1개
- 겨자 10g
- 식초 50ml
- 흰설탕 30g
- 식용유 20ml
- 소금 3g
- 진간장 5ml
- 참기름 5ml

요구사항

① 양장피는 4cm로 하시오.
② 고기와 채소는 5cm 길이의 채를 써시오.
③ 겨자는 숙성시켜 사용하시오.
④ 볶은 재료와 볶지 않는 재료의 분별에 유의하여 담아내시오.

본문 P.89